Veggietarisch!

Genießen ohne Fleisch

Veggietarisch!

Genießen ohne Fleisch

CAROLYN HUMPHRIES

DK

LONDON, NEW YORK, MELBOURNE,
MÜNCHEN UND DELHI

DK LONDON
Lektoratsleitung Bob Bridle
Rezeptlektorat Diana Vowles
Bildredaktion Katherine Raj
Programmleitung Dawn Henderson
Leitung Bildredaktion Christine Keilty
Gestaltung Lucy Parissi
Covergestaltung Nicola Powling
Assistenz Gestaltung Rosie Levine
Producing Sarah Isle
Leitung Producing Jen Scothern
Art Direktion Peter Luff
Verlagsleitung Peggy Vance

DK INDIEN
Projektmanagement Manaswi Vohra
Cheflektorat Dorothy Kikon
Herstellungsleitung Balwant Singh
Bildlektorat Navidita Thapa
Assistenz Bildlektorat Nikita Sodhi
Programmleitung Glenda Fernandes
Herstellung Sunil Charma
DTP-Management Sunil Sharma
DTP-Design Rajdeep Singh

Fotografie William Reavell

Für die deutsche Ausgabe
Programmleitung Monika Schlitzer
Projektbetreuung Elke Homburg
Herstellungsleitung Dorothee Whittaker
Herstellungskoordination Claudia Rode
Herstellung Inga Reinke

Bibliografische Information der Deutschen Bibliothek:
Die Deutsche Bibliothek verzeichnet diese Publikation in der Deutschen Nationalbibliografie;
detaillierte bibliografische Daten sind im Internet über http://dnb.ddb.de abrufbar.

Titel der englischen Originalausgabe:
THE MORE VEG COOKBOOK

Der Originaltitel erschien 2013 in Großbritannien bei Dorling Kindersley Limited, London
Ein Unternehmen der Penguin Gruppe

Übersetzung Wolfgang Beuchelt und Brigitte Rüßmann
für das Übersetzungsbüro Scriptorium
Lektorat Ulrike Kraus

Printed and bound in Italy by L.E.G.O. S.p.A.

ISBN 978-3-8310-2471-1

Besuchen Sie uns im Internet
www.dorlingkindersley.de

Inhalt

Vorwort

Gemüse ist ein wichtiger Baustein unserer »5 am Tag«. Und ob nun im Supermarkt, auf dem Markt oder beim Bauern – eine große Auswahl an Gemüsen ist jederzeit erhältlich.

Die Vielzahl an Gemüsen – von Wurzel- über Knollen- und Stielgemüse bis hin zu Blattgemüse – sollte auch für Nicht-Vegetarier ein gutes Argument sein, ihm eine zentrale Rolle in der eigenen Ernährung einzuräumen. Mit seiner großen Auswahl an vegetarischen Rezepten, die alle Nährstoffe bieten, die man zu einer ausgewogenen Ernährung benötigt, feiert das »Veggietarisch!« die reiche Vielfalt der Gemüsewelt.

Gemüse der Saison essen

Ich bin auf dem Land mit großem Gemüsegarten aufgewachsen und war es gewöhnt, täglich Gemüse der Saison zu essen. Heute habe ich zwar nur einen kleinen Garten, genieße aber dennoch jeden Tag frisches Gemüse. Schließlich ist inzwischen Gemüse aus aller Welt ständig verfügbar. Man sollte aber daran denken, dass jedes Gemüse seine Jahreszeit hat. Viele Gemüse werden geerntet, bevor sie reif sind, um dann um die halbe Welt verschifft zu werden. Sie erreichen nie ihren optimalen Geschmack oder Reifegrad.

Schöne neue Welt

Dank neuer Anbaumethoden können ursprünglich tropische Gemüse unter kontrollierten Bedingungen auch in kühleren Ländern angebaut werden, was unser Angebot bereichert. Wer aber guten Geschmack und Nährstoffreichtum möchte, sollte darauf achten, Gemüse immer dann zu kaufen, wenn es gerade Saison hat. Er sollte überlegen, ob es sich um Gemüse aus der Region handeln kann und versuchen herauszufinden, woher es stammt.

Tägliche Frische

Wer nicht das Glück hat, einen eigenen Garten zu besitzen, kann Kräuter auf der Fensterbank, Salat im Blumenkasten und sogar Pilze im alten Vorrats-

schrank selbst ziehen. Oder man nutzt, was die freie Natur zu bieten hat. Bei Pilzen ist allerdings Vorsicht geboten. Andere schmackhafte Wildpflanzen sind Knoblauch, Sauerampfer und Brennnesseln. (Denken Sie stets daran, nie die Wurzeln auszuziehen und ernten Sie nie zu viel. Die Pflanzen sollen ja weiterhin nachwachsen und gedeihen.)

Nicht alles muss frisch sein

Reich an Proteinen und Kohlenhydraten sind getrocknete Hülsenfrüchte – ein wichtiger Bestandteil vieler veganer Gerichte, und Tiefkühlgemüse enthält ebenso viele Vitamine wie frische Ware. Für schnelle Gerichte sollte man von beidem einen ausreichenden Vorrat haben.

Ein paar kleine Tipps

Einige Käse werden – für Vegetarier geeignet – mit pflanzlichem Lab hergestellt. Käse mit geschützter Herkunftsbezeichnung – wie Parmesan – nutzen aber weiterhin tierisches Lab. Gran Kinara Intero ist eine Alternative zu Parmesan – oder man nimmt harten Schafskäse. Gorgonzola lässt sich durch Dolcelatte ersetzen. Echte Worcestersauce enthält Sardellen. Eine vegane Alternative ist die Bio-Worcester-Sauce von Sanchon.

Mehr Gemüse, bitte!

Das Schreiben dieses Buches hat mir viel Spaß gemacht und ich hoffe, Gerichte zusammengestellt zu haben, die Ihren Gaumen erfreuen. Nutzen Sie die hier gezeigten Ideen als Inspiration und erweitern Sie Ihr Repertoire an vegetarischen Speisen. Experimentieren Sie mit neuen Aromen, verwenden Sie viele Kräuter und Gewürze und haben Sie keine Angst, bislang Unbekanntes auszuprobieren!

Carolyn Humphries

Grundzutaten

Hier erfahren Sie, wie Sie frisches, saisonales Gemüse auswählen, lagern, verarbeiten und kombinieren können – sowie Nützliches über Kräuter, Gewürze, Hülsenfrüchte, Nüsse, Samen und Öle, die jedem Rezept eine ganz besondere Note verleihen.

Einleitung

Dieses Kapitel zeigt die Gemüse, die in diesem Buch verwendet werden, sagt, wann sie geerntet werden, worauf Sie beim Kauf achten sollten und wie man sie zubereitet.

Wichtig ist die richtige Lagerung des Gemüses. Die meisten Gemüse gehören in das Gemüsefach des Kühlschranks und sollten innerhalb einer Woche aufgebraucht werden. Ausnahmen sind Zwiebeln, Wurzelgemüse, Knollen und Winterkürbisse. Sie sollten kühl, dunkel und frostfrei lagern. Zudem finden Sie auf den folgenden Seiten Kräuter, Gewürze, Hülsenfrüchte, Nüsse, Samen und Öle, die den Geschmack der Gemüse noch besser zur Geltung bringen, und Tipps, welche Geschmacksrichtungen besonders gut zusammenpassen.

Der Schlüssel zu einer gesunden und ausgewogenen Ernährung heißt Vielfalt. Täglich fünf Portionen Gemüse und Obst versorgen uns mit den wichtigen Vitaminen, Mineralien und Faserstoffen, die unser Körper benötigt. Sie finden sich auch in gefrorenen oder getrockneten Früchten und Gemüsen sowie Konserven und reinen Säften. Zerealien, Getreide und Kartoffeln versorgen uns durch ihre komplexen Kohlenhydrate mit Energie.

Hülsenfrüchte, Nüsse, Samen, Sojabohnen und Produkte wie Tofu, Quinoa (ein Pseudogetreide) bilden die Grundlage vieler vegetarischer Gerichte und liefern Proteine (für Wachstum und Zellreparatur), komplexe Kohlenhydrate und Faserstoffe. Da nicht alle dieselben Eiweißstoffe enthalten, sollten sie für

»Kalzium ist in Trockenfeigen und -aprikosen, in Blattgemüsen wie Spinat, Grünkohl und Frühkohl, und in Körnern, Nüssen und Samen enthalten.«

»An essenziellen Omega-3- und Omega-6-Fettsäuren reiche Lebensmittel sind wichtig für Wärme, Nervenfunktionen, gesunde Nägel, Haare und Haut.«

eine ausgewogene Ernährung gemischt werden. Nüsse, Samen – besonders Flachs – und ihre Öle, Olivenöl, Blattgemüse, Getreide und Eier sind zudem wichtige Lieferanten der essenziellen Omega-3- und Omega-6-Fettsäuren (für Wärme, Nervenfunktionen und gesunde Nägel, Haare und Haut).

Milchprodukte liefern viel Kalzium (für gesunde Zähne und Knochen) und Eiweißstoffe. Sie enthalten aber gesättigte Fettsäuren, warum man nach Möglichkeit fettarme Varianten nutzen sollte. (In Kokosmilch ist der Anteil besonders hoch. Außer für sehr Cremiges ist die fettarme Variante daher gesünder.)

Blattgemüse, Hülsenfrüchte und Brot enthalten Eisen (für die Produktion der roten Blutkörperchen). Diese Lebensmittel sollte immer mit Vitamin-C-reichen Produkten verzehrt werden, die die Eisenaufnahme fördern, wie etwa rote und gelbe Gemüse, Obst und reine Frucht- und Gemüsesäfte. Tee und Kaffee zu den Mahlzeiten mindern hingegen die Eisenaufnahme.

Angereicherte Frühstückszerealien und Brot liefern viel Vitamin B12 (für Aufbau und Funktion des Nervensystems). Vitamin B12 ist als einziges Vitamin nicht in ausreichenden Mengen in Gemüse enthalten. Eine gute Quelle ist aber Nährhefe, die in vielen vegetarischen Brotaufstrichen enthalten ist.

Dieses Buch bietet alles, was für eine ausgewogene Ernährung nötig ist. Wer immer gut mit allen Grundzutaten ausgestattet ist, kann jedes dieser Rezepte ganz nach Lust und Laune jederzeit nachkochen.

Grundzutaten

Kohl und Blattgemüse

Kohlköpfe sollten fest sein und Blattgemüse frische Blätter haben.

« WIRSING
Wirsing hat gewellte, zarte Blätter und ein süßes Herz. Am besten wird er gehobelt und leicht gedünstet, gekocht oder pfannengerührt. Die äußeren Blätter lassen sich gut füllen. Saison: Winter.

WINTER-WEISSKOHL ˄
Beliebt als Krautsalat oder fermentiert als Sauerkraut, schmeckt auch gedünstet oder gebraten gut. Dazu passen Kümmelsamen, Fenchelsamen oder Trockenobst. Saison: Winter bis Frühjahr.

˄ PALMKOHL
Die auch Schwarzkohl genannte Sorte hat dunkle, blasige Blätter, die gerade und knackig sein sollten. Passt gut zu Tomaten, Knoblauch und Oliven. Saison: Herbst bis Frühjahr.

˄ SPITZKOHL
Hat einen ausgezeichneten, süßlichen Geschmack. Selbst die Außenblätter können gehobelt und gekocht werden. Sehr gut pfannengerührt oder leicht gedünstet. Saison: Frühjahr.

ROSENKOHL »
Dünsten, kurz kochen, gehobelt in Salate oder Suppen geben oder im Wok braten. Passt gut zu Maronen und weißen Bohnen. Kleine, feste Köpfe sind am süßesten. Saison: Winter.

SAUERAMPFER ˄
Die pfeilförmigen Blätter wie Spinat zubereiten. Am besten frisch verwenden. Junge Blätter eignen sich auch roh für Salate. Saison: Frühjahr bis Herbst.

GRÜNKOHL »
Seine dichten, gekräuselten dunkelgrünen Blätter haben einen intensiven Geschmack. Die dicken Stiele herausschneiden. Frisch verwenden, da er bei langer Lagerung bitter wird. Saison: Herbst und Winter.

WEISSKOHL ˄
Ist in verschiedensten Sorten erhältlich und sehr vielseitig. Passt besonders gut zu Nüssen oder Stangensellerie und schmeckt gehobelt in Suppen oder Eintöpfen. Saison: Ganzjährig.

MANGOLD ˄
Hacken und in Suppen, Eintöpfen, Aufläufen verwenden, pfannenrühren oder die Blätter von den Stängeln trennen, die Blätter blanchieren und die Stiele dünsten. Saison: Sommer bis Herbst.

FRÜHKOHL ˄
Gehobelt in Suppen, Eintöpfen, im Wok oder in Aufläufen verwenden oder sehr fein schneiden und ein paar Sekunden knusprig frittieren. Saison: Frühjahr.

JUNGER SPINAT ˄
Hervorragend zum Dünsten oder Pfannenrühren, für Suppen oder Eintöpfe geeignet. Ebenso köstlich sind die jungen Blätter als Salat. Schmecken sehr gut mit Muskat. Saison: Dank Anbaus verschiedener Sorten ganzjährig.

ROTKOHL ˄
Rotkohl kann man gehobelt und gedünstet, eingelegt oder auch mariniert als Salat verwenden. In Kombination mit Essig, Zitronensaft oder Wein wird er kräftig rot. Saison: Winter bis Frühjahr.

SENFKOHL (PAK CHOI) »
Er hat fleischige Stängel und weiche Blätter. Der junge Kohl kann im Ganzen gedünstet werden. Größere Exemplare hobeln und braten oder roh im Salat verwenden. Saison: Sommer bis Winter.

Blütengemüse

Diese Gemüsesorten sind sehr schmackhaft und zudem dekorativ.

BROKKOLI »
Sollte fest und dunkelgrün sein. Weiche oder leicht gelblich werdende Exemplare meiden. In einzelne Röschen teilen und roh, gedünstet oder gebraten verzehren. Saison: Frühsommer bis Herbst.

« WEISSER BLUMENKOHL
Köpfe mit festen Röschen wählen, sprießende (erblühende) Röschen meiden. Am Stück dünsten. Die Röschen sind auch als Rohkost, mit Käse überbacken, in Suppen, gebraten oder geschmort köstlich. Saison: Ganzjährig.

ARTISCHOCKE »
Feste, geschlossene, schwere Knospen mit kurzem Stiel wählen. Trockene oder sich öffnende Knospen meiden. Am Stück dünsten und Blätter sowie Herz essen oder das Herz auslösen. Saison: Sommer bis Herbst.

« SPROSSBROKKOLI
Dicke oder holzige Stängel ebenso meiden wie sich gelblich färbende Röschen. Dünsten, kurz kochen oder pfannenrühren. Saison: Spätwinter bis Frühjahr.

« VIOLETTER BLUMENKOHL
In Röschen geschnitten behält er beim Dünsten seine Farbe. Hat einen süßen, milden Geschmack. Kann statt weißem Blumenkohl verwendet werden.

Spross- und Stangengemüse

Die saftigen Gemüse wachsen (fast) alle über der Erde.

« WEISSER SPARGEL
Er wird in Erdwällen kultiviert und daher nicht grün. Sehr beliebt wegen seines feinen Geschmacks und seiner Zartheit. Wird häufig auch kalt serviert. Saison: Frühjahr bis Frühsommer.

^ GRÜNER SPARGEL
Außerhalb Mitteleuropas der weiter verbreitete Spargel. Sehr fein sind die dünnen Stängel, die zum Ausdünnen geerntet werden. Saison: Frühjahr bis Frühsommer.

^ VIOLETTER SPARGEL
Er ist oft weniger faserig als der grüne Spargel und etwas süßer, sodass auch die dickeren Stangen nicht geschält werden müssen. Wird wie grüner Spargel zubereitet.

FENCHELKNOLLE ^
Hat ein anisartiges Aroma. Gehobelt als Salat nutzen oder vierteln und schmoren oder rösten. Wilder Fenchel, der als Kraut verwendet wird, bildet keine Knollen. Saison: Sommer bis Herbst.

STAUDENSELLERIE ^
Sein kräftiger Geschmack passt gut zu Käse, Obst und Nüssen. Die äußeren Blätter zum Würzen von Suppen oder Eintöpfen hacken, die zarten inneren Blätter roh essen oder schmoren. Saison: Frühjahr bis Herbst.

BLEICHSELLERIE »
Hat einen zarteren Geschmack als Staudensellerie. Es gibt »selbstbleichende« Sorten und Sorten, die durch Aufhäufen der Erde gebleicht werden. Wie Staudensellerie verwenden.

^ KOHLRABI
Schmeckt wie eine Kreuzung aus Kohl und milden Mairübchen. Ganz frisch roh verzehren. Alternativ schmoren, braten oder in Suppen nutzen. Saison: Frühjahr bis Herbst.

Grundzutaten

Salate

Einige der vielen Salatsorten werden rund um das Jahr angebaut.

︽ BRUNNENKRESSE
Stängel mit runden, pfeffrig schmeckenden Blättern. Dicke, faserige Stängel entfernen. Die Kresse als Salat und zum Garnieren verwenden oder gehackt zum Würzen von Saucen, Suppen und Eiergerichten. Saison: Ganzjährig.

︽ KOPFSALAT (BUTTERSALAT)
Die großen äußeren Blätter eignen sich für Wraps (statt Fladen) und schmecken gut in Suppen. Die inneren Blätter sind ein herrlicher Salat (erst direkt vor dem Servieren anmachen). Saison: Ganzjährig.

« FELDSALAT
Rosetten kleiner, weicher Blätter mit süßlich-nussigem Geschmack. Auch Ackersalat genannt. Schmeckt gut mit anderen Salaten gemischt und ist eine hübsche Garnitur. Saison: Spätsommer bis Frühjahr

︽ WEISSER CHICORÉE
Auch in rot erhältlich. Das Herz schmeckt bitter und sollte herausgeschnitten werden. Für Salat in Blätter teilen und in Streifen schneiden. Ganze Blätter können mit Frischkäse, Dip oder Salsa gefüllt werden. Am Stück schmeckt er gut geschmort. Saison: Herbst bis Frühjahr.

« CHINAKOHL
Hellgrüne bis zartgelbe Blätter mit dicken, fleischigen, weißen Strünken. Sehr knackig mit saftigem, süßem Geschmack. Eignet sich gut zum Dünsten, Braten oder Rohessen. Saison: Sommer bis Frühjahr

ROMANASALAT ⩓
Knackige, lange Blätter mit süßem Geschmack. Klein gezupft der klassische Blattsalat für Caesar Salad. Selbst die äußeren Blätter eignen sich für Salat. Saison: Herbst bis Frühjahr.

EISBERGSALAT ⩓
Knackig und saftig, mit festem, dichtem Kopf. Vorsichtig abgelöste äußere Blätter (falls weich, wegwerfen) können als Schalen für warme oder kalte Speisen dienen. Innere Blätter fein schneiden oder klein zupfen. Saison: Frühjahr bis Winter.

SALATHERZEN »
Kleine, feste Köpfe mit saftigen runden Blättern. Halbiert oder geviertelt sautieren oder roh genießen. Ganze Blätter können als Schälchen für Dips oder Salsas dienen. Saison: Frühjahr bis Herbst.

RUCOLA (RAUKE) ⩓
Hat einen kräftig pfeffrigen Geschmack. Wird gewöhnlich roh serviert, eignet sich aber auch für Pizzas und Tartes. Hervorragend für Pesto geeignet. Hält sich ungewaschen am besten. Saison: Ganzjährig.

⩓ **MIZUNA**
Jung haben die mit dem Rübstiel verwandten, gezahnten Blätter mit dünnen weißen Stielen einen milden, leicht senfartigen Geschmack, der an Rucola erinnert. Große Blätter wie Senfkohl kochen. Saison: Winter.

« **ERBSENKRAUT**
Die zarten jungen Triebe und Ranken der Erbsenpflanze schmecken wie süße Zuckererbsen und eignen sich gut für Salate und Sandwiches. Saison: Ganzjährig.

Die Zwiebelfamilie

Gegart entwickeln sie eine unwiderstehliche, sanfte Süße.

« RUNDE SCHALOTTEN
Fein gehackt verleihen die süßen, milden, violett melierten Schalotten jedem Gericht ein zartes Zwiebelaroma. Sie eignen sich gut zum Einlegen und für Dressings. Saison: Frühjahr bis Herbst.

GARTENZWIEBELN «
Hervorragende Allzweckzwiebeln mit goldener bis brauner Schale und recht kräftigem Aroma. Jung können sie eingelegt oder im Ganzen gegart werden. Saison: Frühjahr bis Herbst.

« BANANENSCHALOTTEN
Sie tragen den Namen aufgrund ihrer länglichen Form. Wegen ihres süßen, zarten Geschmacks sind sie bei Köchen sehr beliebt. Wie runde Schalotten verwenden. Saison: Frühjahr bis Herbst.

« ROTE ZWIEBELN
Mit süßem, mildem Aroma schmecken sie in dünne Streifen geschnitten gut im Salat, sind aber auch geröstet köstlich. Sie sind ebenfalls gute Allrounder. Saison: Spätsommer und Herbst.

WEISSE ZWIEBELN »
Die weißfleischigen, süßen und milden Zwiebeln müssen vor der Verwendung nicht erst angeschwitzt werden. Roh sind sie als Sandwichbelag beliebt. Saison: Spätsommer.

« BABY-LAUCH
Die kleinen, süßen Lauchstangen sind am Stück gedünstet oder geröstet eine schöne Vorspeise oder Beilage. Saison: Herbst.

LAUCH »
Die Stangen sind unten weiß, oben grün und haben ein mildes Zwiebelaroma. Für Salat roh in Ringe schneiden oder hacken. Alternativ sautieren, rösten, dämpfen oder kochen. Eingewickelt im Frischefach des Kühlschranks aufbewahren. Saison: Herbst bis Winter.

GETROCKNETER KNOBLAUCH »
Die reife Ernte wird zum Trocknen in Strängen aufgehängt und dann ganzjährig verwendet. Die kräftigen Zehen werden einzeln verarbeitet. Knollen können im Ganzen geröstet und dann püriert werden.

« FRÜHLINGSZWIEBELN
Die bundweise verkauften Zwiebeln mit grünen Laubblättern eignen sich für Salate, Wok- und viele andere Gerichte. Schlaffe und braun werdende Stangen meiden. Saison: Frühjahr bis Sommer.

« FRISCHER KNOBLAUCH
Frischer Knoblauch entstammt der Ernte der laufenden Saison. Er ist jung und hat noch einen Teil des Stiels. Er kann grünlich sein (wie Frühlingszwiebeln) oder violett. Saison: Sommer.

Wurzel- und Knollengemüse

Dies sind Grundnahrungsmittel voller Nährstoffe und Geschmack.

SPEISERÜBEN »
Als junge Mairüben sind sie sehr mild, später haben sie eine leichte Senfschärfe. Sie werden geschält und gerieben oder gewürfelt roh verzehrt oder gedünstet. Saison: Mairüben im Frühjahr, größere ganzjährig.

SIEGLINDE »
Länglich-ovale, festkochende Frühkartoffel (eine der frühesten auf dem Markt) mit gelbem Fleisch und feinem Geschmack. Die Haut ist dünn und lässt sich gut abschrubben.

« ROSA TANNENZAPFEN
Festkochende Kartoffelsorte mit kleiner, länglicher Knolle und leicht rosiger Schale. Ihr Fleisch ist gelb, ihr Geschmack würzig. Sie stammt aus England und reift spät.

« LAURA
Die aus Österreich stammende späte Sorte hat eine rote Schale und tiefgelbes Fleisch. Sie ist vorwiegend festkochend und eignet sich hervorragend für Pommes frites. Saison: September bis Juni.

SÜSSKARTOFFELN »
Diese süß schmeckenden Knollen mit gelbem oder orangefarbenem Fleisch sind eigentlich nicht mit den Kartoffeln verwandt. Sie werden mit oder ohne Schale wie Kartoffeln gekocht. Saison: Ganzjährig.

« LINDA
Festkochende Kartoffel mit gelbem Fleisch und aromatischem Geschmack. Am besten gekocht, gedünstet oder gebacken – auch als Kartoffelspalten.

BINTJE «
Mehligkochende Sorte mit ovaler Knolle, gelber Schale, gelbem Fleisch und mildem Geschmack. Sehr gut für Pürees oder als Pommes frites. Sehr frühe Sorte.

DAIKON-RETTICH »
Eine japanische Zuchtform des Garten-Rettichs, auch Japanischer oder Chinesischer Rettich genannt. Sein kräftiger Geschmack erinnert an scharfe Radieschen und er wird ähnlich genutzt. Saison: Sommer bis Herbst.

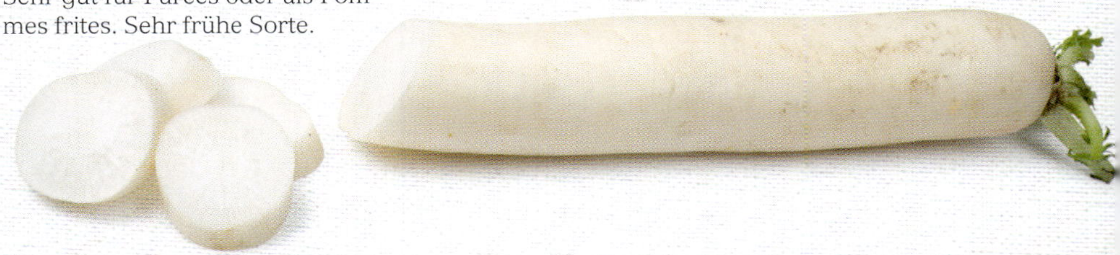

ROTE BETE »
Die runden Knollen haben eine feste Haut und rotes, goldgelbes oder rosa und weiß gestreiftes Fleisch. Ihr Geschmack ist kräftig, süßlich und erdig. Roh oder gekocht, gerieben, in Scheiben oder gewürfelt servieren. Saison: Sommer bis Winter.

MÖHREN MIT GRÜN »
Die süßen, aromatischen Sommermöhren werden geschrubbt und gerieben roh verzehrt oder leicht gekocht. Das Grün sollte frisch und kräftig sein, aber vor dem Lagern entfernt werden, da die Möhren sonst schlaff werden.

« PASTINAKEN
Im Winter sind Pastinaken am süßesten und zartesten. Kleine, junge Pastinaken können im Ganzen gekocht werden. Dünsten, kochen, rösten oder gerieben roh verzehren.

« TOPINAMBUR
Knollen mit süßem, rauchigem Geschmack. Schälen oder schrubben. Möglichst glatte Knollen wählen. Köstlich in Suppen, geröstet, gedünstet, gekocht oder als Püree. Saison: Herbst bis Frühjahr.

« RADIESCHEN
Kleine, rote, rosafarbene oder violette Knollen mit scharf-pfeffrigem Geschmack. Mildere Sorten sind etwas länger. Roh im Salat oder gekocht als Ersatz für Speiserüben. Saison: Frühjahr bis Herbst.

^ MÖHREN
Reife Möhren, die nach der Ernte für den Winter eingelagert werden. Es gibt auch violette und gelbe Sorten. Beim Kauf beachten, dass sie nicht zu stark gekühlt oder feucht sind.

STECKRÜBEN »
Große Knolle mit dicker Schale und süßem, orange-gelbem Fleisch. Köstlich geröstet oder als Püree, aber auch lecker in Suppen oder Eintöpfen. Saison: Herbst bis Winter.

^ KNOLLENSELLERIE
Nach dem Kochen mehlige Konsistenz und kräftiges süßliches Selleriearoma. Dick abschälen und gerieben roh verzehren oder kochen, dünsten, pürieren oder rösten. Saison: Herbst bis Winter.

CHANTENAY-KAROTTEN »
Die konischen, sehr süßen, kleinen Karotten stammen aus Frankreich und werden geputzt ganz gegessen, oder je nach Größe längs geviertelt. Saison: Sommer.

Kürbisse und Gurken

Winterkürbisse werden gekocht, Sommerkürbisse auch roh verzehrt.

BUTTERNUSS-KÜRBIS »
Die Schale sollte fest sein, sonst ist er noch unreif und nicht süß. Dünsten, kochen, rösten, pürieren oder halbiert füllen. Kühl und dunkel gut lagerbar. Saison: Herbst bis früher Winter.

⌃ GRÜNE ZUCCHINI
Roh verzehren, dünsten, kochen, grillen, braten oder füllen und überbacken. Kleine Zucchini haben die beste Konsistenz. Die Blüten in Teig ausbacken. Saison: Mai bis Oktober.

GELBE ZUCCHINI »
Sie sind grünen Zucchini sehr ähnlich, aber mit leuchtend gelber Schale und etwas kräftigerem Geschmack. Gemeinsam mit oder statt grüner Zucchini verwenden.

GARTENKÜRBIS »
Reicht von kleiner Kugel bis zum Riesen mit leuchtend orangefarbenem Fleisch. Für Suppen oder Kürbiskuchen kochen und pürieren, schmeckt aber auch gut geröstet und gedünstet. Statt anderer Winterkürbisse verwenden. Saison: Herbst bis Winter.

⌃ GARTENGURKEN
Sie haben eine pockige Schale (schorfige Gurken meiden), knackig-festes Fleisch und sind leicht säuerlich. Sehr kleine Exemplare werden zum Einlegen genutzt. Saison: Sommer bis Herbst.

SALATGURKEN ⌄
Lange Gurken mit grüner, glatter Schale und grünem, mildem Fleisch. Weiche Gurken meiden. Roh, pfannengerührt oder gedünstet mit Käse servieren. Saison: Sommer bis Herbst.

Schotengemüse

Einige werden mit der Schote zubereitet, andere werden erst gepalt.

DICKE BOHNEN ︽
Die Bohnen in den Schoten sollten sich höchstens daumennagelgroß anfühlen. Bei größeren Kernen nach dem Kochen die Häutchen entfernen. Saison: Frühsommer bis Herbst.

︽ GRÜNE BOHNEN
Es sind zahllose Sorten erhältlich, von hauchdünnen bis bleistiftdicken Bohnen, deren Geschmack unterschiedlich kräftig ist. Ohne Enden ganz oder in Stücken dünsten oder kochen. Kurz blanchiert schmecken sie gut im Salat. Saison: Sommer bis Herbst.

GARTENERBSEN »
Hellgrüne, gut gefüllte Schoten wählen, bei denen einzelne Erbsen fühlbar sind. Zu volle oder gelb und welk werdende Schoten sind zäh, da sich der Zucker bei ihnen bereits in Stärke umwandelt. Frisch verzehren, da die Süße sonst nachlässt. Saison: Sommer.

︽ ZUCKER- ODER KAISERSCHOTEN
Ihr französischer Name »Mangetout« (iss alles) beschreibt, wie man sie isst: ganz. Nur das Rankenende abschneiden und kurz kochen oder braten. Kräftig grüne, knackige Schoten wählen. Saison: Sommer bis Herbst.

ZUCKERERBSEN ︽
Leicht bauchige Schoten mit kleinen, süßen Erbsen. Gedünstet, pfannengerührt oder blanchiert im Ganzen oder in Streifen geschnitten im Salat essen. Am süßesten sind sie ganz frisch. Saison: Sommer bis Herbst.

Fruchtgemüse

Dies sind teils als Obst und teils als Gemüse klassifizierte Früchte.

FUERTE-AVOCADOS »
Sie sind größer als die Sorte Hass und haben eine glattere grüne Schale. Ihr hellgelbes Fruchtfleisch mit mildem Geschmack lässt sich gut schneiden. Wie Hass verwenden. Ideal für Salate und Salsas. Saison: Winter bis Frühsommer.

« HASS-AVOCADOS
Reif haben sie eine pockige Schale. Halbieren und Steinhöhle füllen, pürieren, in Scheiben schneiden oder würfeln. Gut für Dips und Aufstriche. Saison: Frühjahr bis Herbst.

« AUBERGINEN
Aufgrund ihrer ovalen Form auch Eierfrucht genannt. Auch als Baby-Auberginen, gestreift, weiß, meliert und als winzige Erbsauberginen erhältlich. Alle haben einen leicht rauchig-süßen Geschmack. Rösten, grillen, braten oder pürieren. Saison: Sommer bis Herbst.

BABY-MAISKOLBEN »
Sie werden so jung geerntet, dass die Maiskörner noch nicht wirklich ausgebildet sind. Am Stück oder klein geschnitten roh verzehren oder dünsten, kochen oder im Wok braten. Saison: Sommer bis Frühherbst.

« ROTE PAPRIKA
Ein Mitglied der Capsicum-Familie, das je nach Reifegrad auch in Grün, Gelb und Orange erhältlich ist (manchmal sogar in Weiß oder Violett). Eignet sich für jedes Rezept, das nach süßen Paprika verlangt. Saison: Sommer bis Herbst.

MAISKOLBEN »
Die Kolben werden geerntet, wenn die Körner gerade reif werden. Helle Kolben wählen und frisch verzehren. Dunklerer Mais ist nicht mehr so süß. Saison: Sommer bis Frühherbst.

⌃ THAI-CHILISCHOTEN
Die auch Bird's Eye Chilis genannten Schoten sind dünn und laufen spitz zu (ca. 3–7,5 cm lang). Als Faustregel kann gelten: Lange dünne Chilis sind schärfer als lange dicke, wie etwa Jalapeños. Häufig in der Thai- und indischen Küche verwendet. Scharf.

⌃ JALAPEÑO-CHILISCHOTEN
Glänzend-grüne oder rote, konische Schoten. Auch eingelegt erhältlich. Sie können gefüllt werden und sind in der mexikanischen Küche beliebt. Mittelscharf.

SCOTCH BONNET »
Ihre schrumpelige, gerundete Form erinnert an Schottenmützen, daher der Name. Sie sind in vielen Farben erhältlich und in der karibischen Küche sehr beliebt. Der Habañero sehr ähnlich. Extrem scharf.

FLEISCHTOMATEN ⌄
Große, fleischige Tomaten, die bis zu 450 g wiegen können. Gut zum Füllen und Backen oder in Streifen geschnitten für Salate und Sandwiches. Saison: Sommer bis Herbst.

SPITZPAPRIKA »
Diese spitzen, länglich-flachen Paprika sind süßer im Geschmack. Gewöhnlich sind sie in Rot oder Gelb im Handel. Sie können gefüllt, oder längs halbiert gegrillt oder geröstet werden. Saison: Sommer bis Herbst.

« MINI-EIERTOMATEN
Auch als Baby-Pflaumentomaten im Handel. Sie sind sehr süß. Besonders gut schmecken sie halbiert oder ganz unter Pasta oder andere getreidebasierte Gerichte gehoben. Saison: Sommer bis Herbst.

« EIERTOMATEN
Oval geformte Tomaten. Eignen sich gut zum Kochen, da sie mehr Fruchtfleisch und weniger Saft enthalten. Sehr gut für Tomatensaucen geeignet und praktisch immer als Dosentomaten erhältlich. Saison: Sommer bis Herbst.

⌃ STRAUCHTOMATEN
Hervorragende Allzweck-Tomaten zum Grillen und Braten oder in Scheiben geschnitten für Salate. Am Stiel verkauft, haben sie das beste Aroma. Saison: Sommer bis Herbst.

⌃ KIRSCHTOMATEN
Kleine Sorten der Strauchtomaten. Am besten noch am Zweig kaufen und ganz oder halbiert im Salat essen. Schmecken auch gut in warmen Gerichten. Kurz vor Ende der Garzeit zugegeben, behalten sie die Form. Saison: Sommer bis Herbst.

Pilze

Selbst gesammelte Pilze nur nach eingehender Prüfung essen.

˄ WEISSE ZUCHTCHAMPIGNONS
Sie werden in verschiedenen Größen geerntet – von winzigen Knöpfchen über geschlossene Hüte bis hin zu großen, offenen Hüten. Ihr Geschmack wird kräftiger, je größer sie sind. Roh oder gekocht, am Stück, in Scheiben geschnitten oder gehackt verwenden. Auch getrocknet erhältlich.

˄ WIESENCHAMPIGNONS
Die Lamellen der wild wachsenden, weißen Champignons sind rosa bis fast schwarz gefärbt. Sie wachsen auf Pferde-, Schafs- und Kuhwiesen. Sie sind aromatisch und ihre großen, flachen Köpfe können geschält werden. Saison: Herbst.

« MORCHELN
Morcheln sind nicht ganz preiswert und sehr beliebt. Sie wachsen in Wäldern – besonders in Eschen- und Ulmenwäldern. Ihr wabenartiger Hut hat einen kräftigen Geschmack. Häufig werden sie getrocknet verkauft. Saison: Frühjahr bis Frühsommer.

« NAMEKO
Zuchtpilz aus Japan. Auch Japanisches Stockschwämmchen genannt. Sie haben ein erdiges Aroma und gekocht oder gebraten eine fast gallertartige Konsistenz. Vor der Zubereitung die Stielenden abschneiden und die Pilze trennen.

« STEINPILZE
Auch als Fichten-Steinpilze, Herrenpilze oder Edelpilze bekannt, gehen sie mit vielen Laub- und Nadelbäumen eine Symbiose ein – besonders häufig mit Fichten. Ihr köstlicher Geschmack erinnert an Fleisch. Auch getrocknet erhältlich. Saison: Sommer bis Frühwinter.

» AUSTERNPILZE
Die blass-grauen oder teils hellbraunen, gelben oder leicht rosafarbenen Pilze haben einen zarten Geschmack und sind in der asiatischen Küche beliebt. Ganz oder klein geschnitten kochen. Meist Zuchtpilze. Saison für Wildpilze: Herbst bis Frühwinter.

» BRAUNE ZUCHTCHAMPIGNONS
Braune Champignons mit großen, flachen Hüten. Ihre Konsistenz ist fleischig, ihr Geschmack kräftig. Wie die weißen Zuchtchampignons werden auch sie in verschiedenen Größen geerntet, von kleinen Knöpfchen bis zu großen flachen Hüten. Wie weiße Wiesenchampignons verwenden.

ENOKI »
Sie stammen ursprünglich aus Asien und kommen hier als Zuchtpilze in den Handel. Die engen Bündel sind knackig und haben einen milden Geschmack. Vor der Zubereitung putzen und in kleinere Gruppen trennen. Eignen sich zum Braten, für Salate, Wraps und Sandwiches.

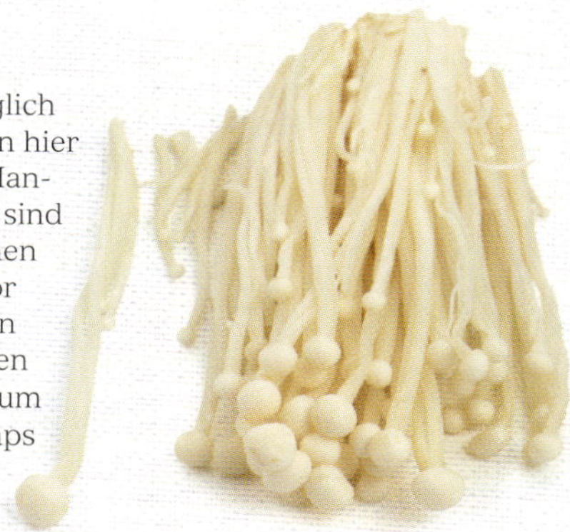

» PFIFFERLINGE
Sie sind gelb bis orange und haben eine Trompetenform mit ausgefranstem Hut und Lamellen entlang der Stiele. Wild wachsen sie in Wäldern, werden aber auch gezüchtet und getrocknet angeboten. Ihr Geschmack ist zart und sie riechen leicht nach Aprikose. Saison: Sommer bis Winter.

» SHIITAKE
Ursprünglich aus Asien stammende Zuchtpilze mit braunem Hut und weißen Lamellen. Hervorragender, fleischiger Geschmack, der besonders gut zu chinesischen und japanischen Gerichten passt. Die Stiele sind oft zäh, sollten also entfernt oder für Fonds verwendet werden. Auch getrocknet erhältlich.

Grundzutaten
Hülsenfrüchte

Hülsenfrüchte haben viele Proteine, Kohlenhydrate und Faserstoffe.

ADZUKI-BOHNEN ≈
Die dunkel gefärbten Bohnenkerne mit süßem, nussigem Geschmack sind hervorragende Allrounder, die ihre Form gut halten. Für Eintöpfe und Suppen ebenso geeignet wie für Burger.

BORLOTTI-BOHNEN ≈
Große braune, kräftige, fleischige Bohnenkerne mit herrlich cremiger Konsistenz. Eignen sich gut für Pasta-Gerichte, Eintöpfe, Suppen und Aufläufe, da sie auch bei langer Garzeit nicht zerfallen.

« LIMABOHNEN
Große weiche, mehlige Bohnenkerne, die gekocht eine leicht trockene Textur haben. Haben einen ganz eigenen, kräftigen Geschmack. Gut für Suppen, Eintöpfe, Dips und Pasteten geeignet.

CANNELLINI-BOHNEN »
Die klassischen toskanischen weißen Bohnenkerne gehören zu den Gartenbohnen und ergeben zerstampft ein glattes Mus. Sie sind cremig und haben einen leicht nussigen Geschmack.

BRAUNE TELLERLINSEN ≈
Es gibt verschiedene Sorten brauner (und grüner) Linsen, die sehr ähnlich sind. Sie alle haben ein nussiges Aroma und eine weiche, fast fleischige Textur, wodurch sie gut als Ersatz für Hackfleisch genutzt werden können.

PUY-LINSEN ˄
Kleine grüne, sehr feine Linsen aus Frankreich. Sie schmecken besonders gut mit Gemüse geschmort und haben einen erdigen, kräftigen Geschmack. Da sie auch nach dem Kochen kaum zerfallen, sind sie gut für Salate geeignet.

FLAGEOLETBOHNEN ˄
Die hübschen grünen Bohnenkerne haben eine wunderbar cremige Konsistenz und einen milden, süßen Geschmack. Sie eignen sich sehr gut für Salate, nehmen aber auch die Aromen von Knoblauch oder Kräutern gut an.

ROTE KIDNEYBOHNEN ˄
Robuste, mehlige Bohnenkerne mit süßem, vollem Geschmack. Sie passen besonders gut zu Chilischoten und anderen kräftigen Gewürzen.

SOJABOHNEN ˄
Die Bohnenkerne mit hohem Nährstoffgehalt haben eine fein-mehlige Konsistenz, sind mild und passen gut zu kräftigen Gewürzen. Aus ihnen werden Sojaprodukte wie Tofu gewonnen.

KICHERERBSEN ˄
Die rauen Hülsenfrüchte haben einen unverkennbar nussigen Geschmack und eine butterartige Konsistenz. Auch nach langem Kochen zerfallen sie nicht. Püriert für Dips (besonders Hummus) und Saucen verwenden.

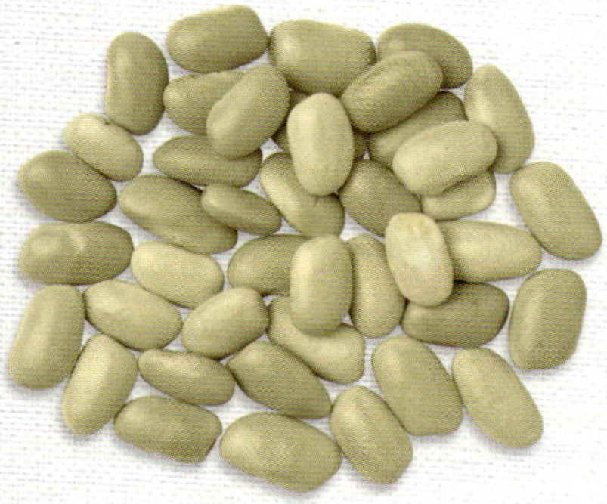

« WEISSE BOHNEN
Die beliebten kleinen Bohnenkerne sind wichtiger Bestandteil des französischen Cassoulet und in Tomatensauce als Baked Beans bekannt. Die vielseitigen Bohnen eignen sich mit ihrer cremigen, leicht mehligen Konsistenz für Suppen, Eintöpfe und Aufläufe.

GELBE SPALTLINSEN »
Im Gegensatz zu halben Erbsen zerfallen die Linsen beim Kochen nicht. (Für Chana Dal mit breiiger Konsistenz daher besser halbe Erbsen als Linsen verwenden.) Sie haben einen markanten, nussigen Geschmack.

ROTE LINSEN ˄
Die kleinen halben Linsen verkochen schnell. Sie sind ideal für Suppen und Saucen, da sie die Flüssigkeit von allein andicken. Wichtiger Bestandteil würziger Dals.

Nüsse, Samen und Öle

Reich an Nährstoffen und Aromen, verleihen sie vielen Gerichten Biss.

PEKANNÜSSE »
Aus Nordamerika stammende Nusskerne mit glatter, eiförmiger Schale. Sie können wie Walnüsse verwendet werden. Ihr Geschmack ist milder, süßer und etwas cremiger.

WALNÜSSE ︽
Die trockenen, braunen, reifen Kerne passen gut zu Blauschimmelkäse, Sellerie, Kohl, Pastinaken, Süßkartoffeln und Lauch. Die hellgrünen, unreifen Früchte, in denen die Nüsse weich und milchig sind, werden ganz gepflückt und eingelegt.

« MANDELN
Süße Mandelkerne haben ein zartes, unverkennbares Aroma. Ganz, als Blättchen, gehackt oder gemahlen schmecken sie gut in vielen Currys, Wok-Gerichten, Reis- und anderen Getreidegerichten.

ERDNÜSSE ︽
Biologisch eigentlich Hülsenfrüchte, die in der Erde wachsen. Ungeröstet, geröstet oder gemahlen in würzigen Saucen, Reis- und Nudelgerichten, Pfannengerührtem und Suppen verwenden.

« HASELNÜSSE
Die kleinen, runden Nusskerne haben ein unverwechselbares Aroma. Ganz, gehackt oder gemahlen verwenden. Schmecken gut in Füllungen, zu Reis sowie Getreide und zu Pilzen.

« CASHEWKERNE
Dank cremiger Konsistenz und süßem Geschmack passen sie geröstet und ungeröstet gut zu Mais, Wurzelgemüse und geräuchertem Paprika. Werden gerne in asiatischen Currys, Wok-, Reis- und Nudelgerichten verwendet.

MARONEN »
Süß und mehlig sind Maronen püriert ideal für Suppen und Pasteten. In der Schale rösten oder geschält kochen oder backen. Vorgekocht sind sie vakuumverpackt erhältlich.

PINIENKERNE ︽
Weich, mit öliger Konsistenz und kräftigem feinem Geschmack. Geröstet werden sie häufig für Füllungen, in Reis- oder Getreidegerichten verwendet und natürlich in Pesto und Pistou. Passen auch gut zu Spinat.

KOKOSNUSS »
Das weiße Fruchtfleisch, frisch oder getrocknet gerieben, Kokosflocken, Kokossahne und Kokosmilch geben vielen Speisen, wie Currys, Suppen, Reis- und Nudelgerichten, eine sehr cremige Note.

SESAMSAMEN ˄
Die goldgelben, schwarzen oder cremeweißen Samen schmecken noch besser, wenn man sie röstet. Sie harmonisieren gut mit allen Gemüsen, Hülsenfrüchten, Reis- und Nudelgerichten. Aus ihnen wird Tahin zubereitet.

SCHWARZKÜMMEL »
Die dunklen Samen haben einen nussigen, erdigen Geschmack und passen gut zu Hülsenfrüchten, Reis, Wurzel- und Blattgemüse und schmecken gut in Brot.

FENCHELSAMEN ˄
Die braun-grünen Samen mit hellen Graten erinnern im Geschmack an Süßholz und Anis. Sie passen gut zu Rote Bete, Gurken, Kohl, Linsen, Reis, Kartoffeln und Bohnen.

˄ KÜRBISKERNE
Die knackigen Kerne mit nussigem Geschmack werden geröstet intensiver und sind als Snack und als Garnitur beliebt. Sie schmecken aber auch gut zu Pasta, Käse, Chilischoten, Harissa-Paste und im Salat.

KÜMMELSAMEN »
Die anisartig schmeckenden Samen sind braun mit hell gestreiften Graten. Sie schmecken gut in Brotteig, aber auch zu Kohl, Zwiebeln, Kartoffeln, Wurzelgemüse, Tomaten und Nudelgerichten.

CHILIÖL ˄
Verschiedene Sorten sind erhältlich, sie alle haben einen kräftig-scharfen Geschmack. Über Nudeln, Pizza oder Salate träufeln oder in Nudelgerichten, Suppen und Eintöpfen als Würze nutzen.

OLIVENÖL ˄
Ein erstklassiges Allzwecköl aus einer oder verschiedenen Olivensorten, das viele verschiedene Geschmacksnoten bietet. Für Marinaden, zum Grillen, zum langsamen Braten, in Saucen und in Brotteig verwenden.

NATIVES OLIVENÖL EXTRA ˄
Die beste Qualität kalt gepressten Olivenöls hat einen wunderbar reichen Geschmack und eine kräftig-grüne bis goldgrüne Farbe. Eignet sich als Dip für Brot und für Salatsaucen.

TRÜFFELÖL ˄
Ein teures Öl mit intensiv-erdigem Trüffelgeschmack. Ist köstlich zu Eiern, über Nudeln oder Salat geträufelt. Es intensiviert das Aroma frischer oder eingelegter, geriebener Trüffel.

DUNKLES SESAMÖL ˄
Öl aus gerösteten Sesamsamen mit intensiv-nussigem Röstaroma. Erst kurz vor Ende des Garvorgangs zugeben oder mit Sonnenblumenöl zum Pfannenrühren nutzen. Schmeckt auch gut in Salatsaucen.

« WALNUSSÖL
Intensiv und aromatisch mit kräftigem Walnussgeschmack. In Dressings verwenden, über Nudeln träufeln, zu Gemüse oder in den Wok geben.

˄ SONNENBLUMENÖL
Universalöl zum Kochen und für leichte Dressings mit mildem, leichtem, öligem Geschmack. Zum Frittieren geeignet – nicht häufiger als dreimal verwenden, da es sonst in gesättigte Fettsäuren zerfällt.

Kräuter

Duftend und aromatisch verleihen sie allen Gerichten neue Dimension.

⌃ DILL
Das zarte, fiedrige Kraut hat einen milden, anisartigen Geschmack. Auch die Samen dienen zum Würzen. Passt gut zu Rote Bete und anderen Wurzeln, Dicken Bohnen, Zucchini, Kartoffeln, Spinat, Reis und Eiern.

⌃ GRÜNE MINZE
Es sind viele Sorten erhältlich, Grüne Minze und Krause Minze werden aber am häufigsten verwendet. Im Nahen Osten und in Indien nutzt man häufig getrocknete Nana-Minze. Passt gut zu Kartoffeln, Erbsen, Salat, Gurke, Joghurt, Bulgur, Reis und Linsen.

ROSMARIN ⌃
Hat einen blumigen Duft. Ganze Zweige nach dem Kochen entfernen oder die Nadeln gehackt verwenden. Passt gut zu Paprika, Auberginen, Linsen, Pilzen, Zwiebeln, Pastinaken und Tomaten.

« OREGANO
Kann durch Majoran ersetzt werden und hat einen starken, süßen Geschmack. Getrocknet in der griechischen und italienischen Küche beliebt. Frisch kurz vor Ende der Garzeit zugeben. Passt gut zu fast allen Gemüsen, Reis, Nudeln und Hülsenfrüchten.

« KORIANDER
Süß, intensiv und entweder geliebt oder gehasst. Die dünnen, ausgefransten Blätter erinnern an glatte Petersilie. Die Samen dienen getrocknet als Gewürz (siehe S. 35). Ein Muss in Currys und scharfen Speisen. Passt gut zu Avocados, Gurken, Wurzelgemüse und Mais.

« MAJORAN
Durch Oregano ersetzbar und sehr ähnlich im Geschmack, nur etwas würziger. Getrocknet wird es viel in der griechischen und italienischen Küche genutzt. Das frische Kraut kurz vor Ende des Kochens zugeben. Passt zu den meisten Gemüsen, zu Reis, Nudeln und Hülsenfrüchten.

« SCHNITTLAUCH
Die grasähnlichen Stängel schmecken wie eine Kreuzung aus Zwiebeln und Lauch. Am einfachsten mit der Schere zu schneiden. Stängel und Blüten als Garnitur verwenden. Passt gut zu Avocados, Zucchini, Kartoffeln, Wurzelgemüse, Frischkäse und Eiern.

« LORBEERBLÄTTER
Ihr süßer Duft erinnert an Gewürznelken und Basilikum. Die Blätter (getrocknet wie frisch) werden zum Würzen verwendet, aber nicht gegessen. Wichtiger Bestandteil der Béchamelsauce. Passen gut zu Tomaten, Hülsenfrüchten, Maronen und Reis.

« SALBEI
Matte, flaumige, grünlich-graue Blätter mit kräftig-würzigem, süßem und zugleich bitterem Geschmack. Zurückhaltend einsetzen. Frittiert eine hübsche Garnitur. Passt gut zu Hülsenfrüchten, Käse, Zwiebeln und Tomaten.

« GLATTE PETERSILIE
Köche bevorzugen die glatte italienische Petersilie. Sie wird allein oder mit anderen Kräutern genutzt. Gehackt, als Zweig oder frittiert ist sie eine hübsche Garnitur. Passt zu den meisten Gemüsen, Eiern, Reis, Linsen und Bulgur.

« KRAUSE PETERSILIE
Überall erhältlich, häufig genutztes Küchenkraut und eine hübsche Garnitur. Mit einem Lorbeerblatt und Thymian gebunden, ergeben die Zweige ein einfaches Bouquet garni.

« KERBEL
Seine federartigen Blätter haben ein ungewöhnliches, süßes und würziges Aroma mit einem Hauch Kümmel. Er passt als Garnitur gut zu Spargel, Erbsen, Bohnen, Rote Bete, Möhren, Tomaten, Käse und Eiern.

« BASILIKUM
Es hat einen warmen, leicht pfeffrigen Geschmack. Feine Sorten sind griechisches und Thai-Basilikum. Zum Ende der Garzeit zugeben. Unverzichtbar in grünem Pesto und Pistou, schmeckt es auch gut zu Tomaten, Auberginen, Bohnen, Zucchini, Eiern und Mozzarella.

THYMIAN »
Auch Gartenthymian genannt, ist er die am weitesten verbreitete Sorte unter vielen. Er hat einen süßen, würzigen, wohltuenden Duft. Die kleinen Blätter werden von den Stielen gezupft und ganz oder gehackt verwendet. Passt gut zu fast allen Gemüsen.

ESTRAGON »
Lange weiche, dünne Blätter mit ganz eigenem, würzig-süßem Duft und kräftigem Anisgeschmack. Zurückhaltend verwenden. Passt gut zu Artischocken, Spargel, Zucchini, Pilzen, Kartoffeln und Tomaten.

Gewürze

Gewürze verleihen Gemüsegerichten eine große aromatische Tiefe.

« KAPERN
Die Blütenknospen des Echten Kapernstrauchs werden in Essig oder Salzlake eingelegt. Unerlässlich in Tapenade und Sauce tartare, schmecken aber auch gut zu Artischocken und Auberginen.

« ZIMTSTANGEN
Duft und Geschmack sind warm und süß. Wird viel in der griechischen, nahöstlichen und indischen Küche genutzt. Passt zu Mandeln, Tomaten, Reis und anderen Getreiden.

« GETROCKNETE BOCKSHORNKLEEBLÄTTER
Angedrückte, getrocknete Blätter mit dem Duft von süßem Heu. Sie passen zu Blatt- und Wurzelgemüse, Kartoffeln, Hülsenfrüchten, Reis und Tomaten.

⌃ GEWÜRZNELKEN
Warmer, kräftiger, süßlicher und leicht betäubender Geschmack. Teil des chinesischen Fünf-Gewürze-Pulvers. Zu Kohl, Möhren, Rote Bete, Zwiebeln, Kürbis und Süßkartoffeln verwenden.

SCHWARZE SENFSAMEN »
Als ganze Körner oder gemahlen in Gewürzmischungen häufig in der indischen Küche genutzt. Sie schmecken geröstet köstlich in Dressings für Wurzelgemüsesalate.

PAPRIKAPULVER ⌃
Besteht aus gemahlenen Paprikaschoten und hat eine karamellartige Fruchtigkeit. Es gibt Gerichten mit Tomaten und Hülsenfrüchten Aroma und passt gut zu Käse. Geräuchertes Paprikapulver hat ein rauchiges Aroma und verleiht Gemüsegerichten eine fleischige Note. Es ist in edelsüß und rosenscharf erhältlich.

ZITRONENGRAS »
Erfrischend säuerliches Gewürz mit starker Zitrusnote. Zerstoßen oder fein gehackt, passt es zu fast allen Gemüsen. Wichtig in vielen Nudelgerichten und asiatischen Currys.

⌃ GEMAHLENE KURKUMA
Kräftiges Holzaroma, leicht bitterer Geschmack und intensiv-gelbe Farbe. Wichtig in indischen Currypulvern und -pasten. Zu Hülsenfrüchten, Reis, Nudeln, Eiern, Bohnen, Auberginen, Spinat und Kartoffeln verwenden.

« GETROCKNETE CHILISCHOTEN
Auch zerstoßen als Flocken und zu Pulver vermahlen erhältlich. Kräftig und scharf. Sie sind wichtig in Currypulvern und -pasten, Harissa, Jerk-Gewürzmischungen und Eingemachtem.

TAMARINDENPASTE ⌃
Aus den eingeweichten Schoten des Tamarindenbaums. Wichtige Zutat der Worcestersauce. Verleiht Currys und scharfen Gerichten eine fruchtige Säure.

« STERNANIS
Hübsche Gewürzsterne mit Süßholzgeschmack und -aroma und einer warmen Schärfe. Passt gut zu Lauch, Kürbis, Wurzelgemüse und Hülsenfrüchten.

WACHOLDERBEEREN ⌃
Die bittersüßen Beeren des Wacholders sind meist getrocknet erhältlich. Zerstoßen in Kohlgerichten (besonders Sauerkraut), zu Sellerie, Paprika und Wurzelgemüse verwenden.

FRISCHE CURRYBLÄTTER ⌃
Auch getrocknet erhältlich, aber mit weniger Aroma. Werden häufig kurz vor Ende der Garzeit zugegeben. Passen zu fast allen Gemüsen, Linsen und Reis.

KREUZKÜMMEL ⌃
Gemahlen oder als Samen erhältlich. Hat einen starken, schweren Geruch und einen kräftigen, leicht erdigen Geschmack. Zu Auberginen, Bohnen, Wurzelgemüse, Kartoffeln und Kürbis verwenden.

KAFFIR LIMETTENBLÄTTER ⌃
Starker Duft zwischen Zitrone und Limette. Passen gut zu Pilzen, Blattgemüse und gehören mit Kokosmilch in thailändische Currys. Nur getrocknet oder tiefgekühlt erhältlich.

⌃ KORIANDERSAMEN
Auch zu Pulver gemahlen erhältlich. Mit süßem, holzigem Duft und blumigem Geschmack. Passen gut zu Pilzen und Zwiebeln.

FRISCHER INGWER ⌃
Wichtig in Currys und den meisten scharfen Speisen. Die knotige, frische Wurzel sollte geschält und geschnitten oder gerieben werden. Das Pulver ist schärfer.

« GARAM MASALA
Gewürzmischung aus der nordindischen Küche. Scharfes Gewürz, das häufig kurz vor Ende der Garzeit zugegeben wird, um die Aromen zu verstärken.

GANZE MUSKATNÜSSE ⌃
Auch als Pulver erhältlich, aber frisch gemahlen viel aromatischer. Passt gut zu Spinat, Pastinaken, Kartoffeln, Kohl, Kürbis und Süßkartoffeln.

« SAFRAN
Die roten Stempelfäden des *Crocus sativus* sind das teuerste Gewürz der Welt. Es hat ein kräftiges, moschusartiges, blumiges Aroma. Die Fäden in Wasser oder Brühe einweichen. Passt zu Reis, Nudeln und den meisten Gemüsen.

GALGANT ⌃
In Südostasien häufig genutzt. Zitronige Säure und ingwerartiger Geschmack. In Saucen, Currys, Suppen und Eintöpfen nutzen. Passt zu Chilis, Fenchel, Schalotten, Knoblauch und Limetten.

GRÜNE KARDAMOMKAPSELN »
Mit den ganzen, leicht zerstoßenen Kapseln Reis oder Currys würzen. Oder die Samen herausholen und zu Hülsenfrüchten, Kartoffeln, Süßkartoffeln oder Wurzelgemüse geben.

Die Rezepte

Bei allen Rezepten in diesem Buch geht es um Gemüse. Hier finden Sie leckere Kombinationen verschiedener Gemüsesorten und Geschmacksnoten sowie interessante Tipps, wie Sie mit Kräutern, Gewürzen, Nüssen, Hülsenfrüchten und Samen das Beste aus jedem Gemüse herausholen.

Suppen & Salate

Gazpacho

FÜR **6–8 PERSONEN** ZUBEREITUNG **30 MIN.**

Ein wunderbar erfrischendes Mittagessen für einen heißen Sommertag, das auch noch gesund und schnell zubereitet ist. Reichen Sie dazu Knoblauchbrot.

ZUTATEN

1 rote Paprikaschote, entkernt und klein gewürfelt
10 Frühlingszwiebeln, gehackt, oder 1 rote Zwiebel, fein gehackt
5 Knoblauchzehen, gehackt
1 Gurke, klein gewürfelt
1 kg reife Tomaten, fein gehackt
1 EL gehackter frischer Thymian, Majoran, Petersilie, Minze oder Basilikum
100 g Weißbrot vom Vortag
1 Chilischote, entkernt und fein gehackt, oder ½ TL Cayennepfeffer (nach Wunsch)
2 EL Rotweinessig
3 EL Olivenöl, plus etwas mehr zum Beträufeln
Salz und frisch gemahlener schwarzer Pfeffer

1 Eine große Suppenterrine in den Kühlschrank stellen. Paprika, Frühlingszwiebeln oder Zwiebel, Knoblauch, Gurke und Tomaten mit den Kräutern in eine Rührschüssel geben.

2 Das Brot im Mixer zu Semmelbröseln zerkleinern und mit der Chilischote oder dem Cayennepfeffer, Essig und Öl in die Schüssel geben. Nach und nach mit 100 ml kaltem Wasser zu einer dickflüssigen Konsistenz verrühren. Bei Bedarf mehr Wasser zugießen.

3 Die Suppe im Mixer nach Wunsch stückig mixen, sodass noch Gurkenstückchen zu sehen sind, oder glatt pürieren. Mit Salz und Pfeffer kräftig abschmecken. Die Gazpacho in die Terrine füllen, einige Eiswürfel hinzufügen und mit Olivenöl beträufeln.

Grüne Salatsuppe mit Erbsen

FÜR 4 PERSONEN **ZUBEREITUNG 20 MIN. PLUS 30 MIN. KÜHLZEIT**

Die weichen Blätter des Kopfsalats sind nicht faserig und eignen sich perfekt zum Pürieren. Hier ergeben sie mit süßen Erbsen und Minze eine frische Sommersuppe.

1 Ein wenig Wasser in einem Topf zum Kochen bringen, die Erbsen hineingeben und 3 Minuten garen. Das Kochwasser abgießen und auffangen, die Erbsen unter kaltem Wasser abschrecken und zum Abkühlen in den Kühlschrank stellen. Den Knoblauch halbieren, den grünen Keim gegebenenfalls entfernen und die Zehe mit etwas grobem Meersalz zerdrücken.

2 Den Knoblauch mit den anderen Zutaten (außer den Erbsen) im Standmixer vermischen. Nach und nach so viel Kochwasser zugeben, dass die Klingen sich frei bewegen können oder bis die Suppe die gewünschte Konsistenz erreicht – je nach Salatart und verwendetem Mixer kann die Menge variieren. Die Suppe schmeckt aber am besten, wenn sie sämig ist und noch ein wenig Textur hat.

3 Die Suppe in eine große Schüssel füllen und im Kühlschrank 30 Minuten kalt stellen. Kurz vor dem Servieren die Erbsen einrühren und ein paar Erbsen zum Garnieren verwenden.

ZUTATEN

125 g Erbsen (gepalt gewogen)
1 kleine Knoblauchzehe
1 Prise grobes Meersalz
2 Kopfsalate (zusammen ca. 500 g), klein gezupft und ohne die festen Herzen
250 g Naturjoghurt
1 Stück Ingwer (2 cm), fein gerieben
1 Handvoll frische Minzeblätter
Saft von ½ Zitrone
Salz und frisch gemahlener schwarzer Pfeffer

Französische Zwiebelsuppe mit Weinbrand und Gruyère-Croûtons

FÜR **4 PERSONEN** VORBEREITUNG **10 MIN.** GARZEIT **40 MIN.**

Eine herzhafte Zwiebelsuppe ist ideal für kalte Tage. Mit roten Zwiebeln bekommt sie eine schöne Farbe und wird süßer und aromatischer als mit braunen Zwiebeln.

ZUTATEN

60g Butter
4 große rote Zwiebeln, geviertelt und in dünne Streifen geschnitten
2 EL brauner Zucker
1 l Gemüsebrühe
2 EL Weinbrand
Salz und frisch gemahlener schwarzer Pfeffer
8 Scheiben Baguette, diagonal geschnitten
175g Gruyère, gerieben

1 Die Butter in einem großen Topf zerlassen. Die Zwiebeln hineingeben und unter Rühren 2 Minuten anbraten. Abdecken, die Temperatur auf niedrige Hitze reduzieren und unter gelegentlichem Schwenken 10 Minuten glasig braten.

2 Die Temperatur erhöhen, den Zucker dazugeben und unter Rühren 5 Minuten karamellisieren, aber nicht anbrennen lassen. Die Brühe und den Weinbrand angießen und mit ein wenig Salz und Pfeffer würzen. Zum Kochen bringen, die Temperatur reduzieren und 15 Minuten sanft köcheln lassen.

3 In der Zwischenzeit die Croûtons zubereiten: Den Backofengrill vorheizen. Ein Backblech mit Backpapier auslegen und das Brot darauf von beiden Seiten bräunen. Kurz vor dem Servieren mit dem Käse bestreuen und unter dem Grill schmelzen lassen.

4 Die Suppe in vorgewärmte Suppenschalen füllen und jeweils 2 Käsecroûtons auflegen. Ein wenig Pfeffer darübermahlen und die Zwiebelsuppe sofort servieren.

Fenchelsuppe mit Parmesanchips

FÜR 4 PERSONEN VORBEREITUNG 20 MIN. GARZEIT 45 MIN.

Parmesanchips sind einfach herzustellen – und als Garnitur mit zartem Fenchelgrün kombiniert – machen sie aus dieser cremigen Suppe ein elegantes Entree.

ZUTATEN

1–2 EL Olivenöl
50 g Butter
1 Zwiebel, fein gehackt
Salz und frisch gemahlener schwarzer Pfeffer
1 Selleriestange, fein gehackt
1 Möhre, fein gehackt
2 Knoblauchzehen, fein gehackt
3–4 Fenchelknollen, geputzt und fein gehackt, Grün zum Garnieren beiseitegelegt
750 ml heiße Gemüsebrühe
4 EL fein geriebener Parmesan
200 g Crème double
1 Prise frisch gemahlene Muskatnuss

1 In einem großen Topf 1 EL Öl mit der Butter erhitzen. Die Zwiebel dazugeben und bei niedriger Hitze unter Rühren 5 Minuten glasig schwitzen. Mit Salz und Pfeffer würzen. Sellerie und Möhre hinzufügen und unter gelegentlichem Rühren 10 Minuten goldgelb karamellisieren. Knoblauch und Fenchel dazugeben und unter gelegentlichem Rühren bei niedriger Hitze 5 Minuten anbraten, bis der Fenchel weich wird. Falls nötig, etwas mehr Öl zugeben. Ein wenig Brühe angießen und zum Kochen bringen. Die restliche Brühe zugießen und alles erneut aufkochen. Die Temperatur reduzieren und die Suppe 20 Minuten köcheln, bis der Fenchel gar ist.

2 Für die Parmesanchips 4 gleich große Häufchen geriebenen Parmesan in eine beschichtete Pfanne geben. Die Pfanne bei niedriger Hitze auf den Herd stellen und die Häufchen mit einem Löffel flach drücken. Ein paar Minuten erhitzen, bis der Parmesan schmilzt und eine Kruste bildet. Sobald die Unterseite knusprig wird und der Käse am Rand Blasen wirft, die Chips mit dem Palettmesser vorsichtig wenden. 1 weitere Minute erhitzen, dann die Pfanne vom Herd nehmen und die Chips darin warm halten.

3 Die Suppe mit dem Stabmixer oder im Standmixer glatt pürieren, dann wieder in den Topf geben. Mit Salz und Pfeffer kräftig abschmecken, dann die Crème double einrühren und alles wieder sanft erhitzen. Die Fenchelsuppe in weite Suppenschalen füllen und mit Muskatnuss bestreut sowie einem Parmesanchip und Fenchelgrün garniert servieren.

Borschtsch

FÜR 4 PERSONEN VORBEREITUNG 15 MIN. GARZEIT 1 STD. 30 MIN.

Diese kräftige Suppe ist ein russischer Klassiker für jede Jahreszeit. Reiben Sie reichlich Möhren darüber und servieren Sie dunkles Roggenbrot dazu.

1 Die Butter in einem großen Topf bei mittlerer Hitze zerlassen. Rote Bete, Zwiebel, Möhre und Sellerie dazugeben und unter Rühren 5 Minuten anbraten. Tomaten und Knoblauch (falls verwendet) hinzufügen und unter häufigem Rühren 2–3 Minuten kochen lassen, dann die Brühe angießen.

2 Lorbeerblätter und Gewürznelken in ein kleines Stück Musselintuch oder einen Einweg-Teebeutel füllen, verknoten und in den Topf geben. Die Suppe aufkochen, dann die Temperatur reduzieren, abdecken und 1 Stunde 20 Minuten köcheln lassen. Den Gewürzbeutel herausnehmen, den Zitronensaft einrühren und die Suppe mit Salz und Pfeffer abschmecken. Den Borschtsch in vorgewärmte Schalen füllen, einen Klecks saure Sahne daraufgeben, mit einem Stäbchen durch kreisende Bewegungen zur Spirale ziehen und servieren.

ZUTATEN

- 3 EL Butter oder Gänseschmalz
- 2 große Rote-Bete-Knollen, gerieben
- 1 Zwiebel, grob gerieben
- 1 Möhre, grob gerieben
- 1 Selleriestange, grob gerieben
- 400 g gehackte Tomaten (aus der Dose)
- 1 Knoblauchzehe, zerdrückt (nach Wunsch)
- 1,7 l heiße Gemüsebrühe
- 2 Lorbeerblätter
- 4 Gewürznelken
- 2 EL frisch gepresster Zitronensaft
- Salz und frisch gemahlener schwarzer Pfeffer
- 200 g saure Sahne

Käsesuppe mit Mais und Paprika

FÜR **4 PERSONEN** VORBEREITUNG **15 MIN.** GARZEIT **35 MIN.**

Wenn die Zeit knapp ist, verwenden Sie Konserven statt frischem Mais und Paprika. Es ist nicht unbedingt notwendig, die Maiskolben in der Brühe zu kochen.

ZUTATEN

2 große Maiskolben
1 l Gemüsebrühe
1 EL Butter
1 Zwiebel, fein gehackt
1 Kartoffel, geschält und fein gehackt
1 rote Paprikaschote, entkernt und fein gehackt
1 Bouquet garni
3 EL Speisestärke
150 ml Milch
100 g kräftiger Cheddar, gerieben
2 EL gehackte frische Petersilie, plus etwas mehr zum Garnieren
Salz und frisch gemahlener schwarzer Pfeffer

1 Die Maiskörner vom Kolben lösen (siehe S. 233). Für mehr Aroma die Kolbenreste mit der Brühe in einen Topf geben, zum Kochen bringen, zudecken und 5 Minuten sanft köcheln lassen. Die Brühe in eine Schüssel abseihen und die Kolben wegwerfen.

2 Im selben Topf die Butter zerlassen und die Zwiebel unter Rühren 2 Minuten glasig dünsten, aber nicht bräunen. Die Brühe, das vorbereitete Gemüse und das Bouquet garni in den Topf geben. Zum Kochen bringen, die Temperatur reduzieren, den Deckel schräg auflegen und die Suppe 15 Minuten köcheln lassen, bis das Gemüse gar ist. Das Bouquet garni herausnehmen und wegwerfen.

3 Die Speisestärke mit der Milch glatt rühren und in die Suppe einrühren. Die Suppe kurz aufkochen und 1 Minute köcheln lassen, bis sie andickt. Den Käse einrühren, bis er schmilzt, dann die Petersilie zugeben und mit Salz und Pfeffer abschmecken. Die Käsesuppe in Schalen füllen und mit gehackter Petersilie garniert servieren.

Kartoffelsuppe mit Brokkoli und Mascarpone

FÜR **4 PERSONEN** VORBEREITUNG **20 MIN.** GARZEIT **40 MIN.**

Brokkoli und Schalotten geben dieser Kartoffelsuppe mit Käse die Farbe. Statt Mascarpone kann man auch Doppelrahm-Frischkäse oder Ricotta verwenden.

ZUTATEN

1 EL Olivenöl
1 EL Butter
2 große Bananenschalotten, fein gehackt
350 g mehligkochende Kartoffeln, geschält und in 2,5 cm große Würfel geschnitten
1,5 l Gemüsebrühe
1 großes Lorbeerblatt
Salz und frisch gemahlener schwarzer Pfeffer
1 großer Kopf Brokkoli, in Röschen zerteilt
4 EL Mascarpone
4 Scheiben Baguette (1 cm dick)
30 g cremiger, kräftiger Blauschimmelkäse (z. B. Roquefort, Fourme d'Ambert oder Gorgonzola Piccante)

1 Öl und Butter bei mittlerer Hitze in einem Topf erhitzen. Schalotten und Kartoffeln hineingeben und unter häufigem Rühren 5 Minuten andünsten.

2 Brühe und Lorbeerblatt dazugeben und gut verrühren. Mit Salz und Pfeffer leicht würzen und zum Köcheln bringen. Die Temperatur reduzieren, den Deckel auflegen und 10 Minuten köcheln lassen. Den Brokkoli hinzufügen, umrühren und alles weitere 10–15 Minuten kochen, bis der Brokkoli gar ist. Ein paar Minuten abkühlen lassen.

3 Das Lorbeerblatt herausnehmen und wegwerfen. Den Topfinhalt mit dem Stabmixer oder im Standmixer glatt pürieren. Die Suppe durch ein Sieb wieder in den Topf passieren. Dabei mit einem Holzlöffel möglichst viel Gemüse durch das Sieb streichen.

4 Die Suppe bei mittlerer Hitze wieder erhitzen und den Mascarpone einrühren, bis er gleichmäßig verteilt ist, dann kräftig abschmecken. Die Baguettescheiben in einer Pfanne oder im vorgeheizten Backofen goldbraun rösten und mit dem Blauschimmelkäse bestreichen. Die Suppe auf Schalen verteilen und mit je 1 Scheibe Baguette servieren.

Rüben-Nudelsuppe mit Paprika und Chili

FÜR **4–6 PERSONEN** VORBEREITUNG **10 MIN.** GARZEIT **35 MIN.**

Rüben werden oft verschmäht, aber diese leichte Suppe mit raffinierter Schärfe wird Sie nicht enttäuschen. Größere, intensiver schmeckende Rüben sind ideal.

1 Frühlingszwiebeln, Rüben, Chilis, Sternanis, Tomatenmark und Brühe in einem großen Topf zum Kochen bringen. Die Temperatur reduzieren, den Deckel schräg auflegen und alles 30 Minuten sanft köcheln lassen, bis die Rüben gar sind. Den Sternanis herausnehmen und wegwerfen.

2 In der Zwischenzeit die Nudeln in einer Schüssel mit kochendem Wasser bedecken, 5 Minuten quellen lassen und durch Rühren lösen. Abgießen und mit den Paprikawürfeln in die Suppe rühren. Mit Sojasauce und Pfeffer abschmecken, dann die Hälfte des Korianders einrühren. Die Suppe nochmals 1–2 Minuten erhitzen, dann in vorgewärmte Schalen geben, mit dem restlichen Koriander garnieren und servieren.

ZUTATEN

- 4 Frühlingszwiebeln, gehackt
- 2 große Speiserüben, gewürfelt
- ½ TL zerstoßene getrocknete Chilischoten
- 1 grüne Jalapeño-Chilischote, entkernt und in dünne Ringe geschnitten
- 2 Sternanis
- 2 TL Tomatenmark
- 1 l heiße Gemüsebrühe
- 1 Block getrocknete, dünne chinesische Eiernudeln
- 1 eingelegte Paprika, abgetropft und gewürfelt
- Sojasauce (nach Geschmack)
- frisch gemahlener schwarzer Pfeffer
- 1 kleine Handvoll frisches Koriandergrün, gezupft

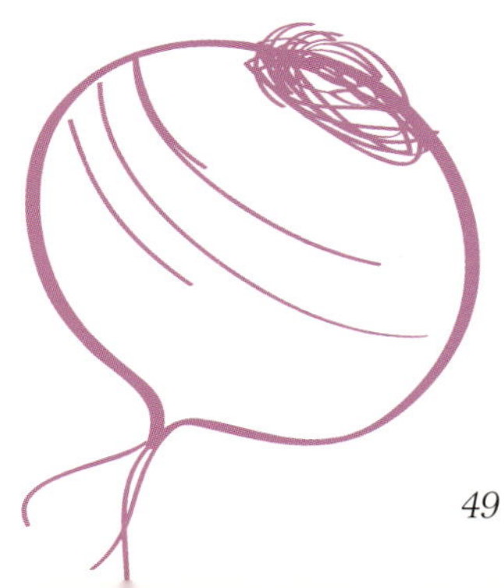

Graupen-Rüben-Suppe mit Möhren und Basilikumöl

FÜR **4–6 PERSONEN** VORBEREITUNG **10 MIN.** GARZEIT **45 MIN.**

Graupen geben dieser delikaten Suppe Gehalt. Mit 400 g weißen Bohnen und 200 ml zusätzlicher Gemüsebrühe lässt sie sich leicht in ein Hauptgericht verwandeln.

ZUTATEN

200 ml trockener Weißwein
1,5 l Gemüsebrühe
75 g Perlgraupen
1 Zwiebel, gehackt
2 Möhren, in Scheiben geschnitten
½ kleine Steckrübe, klein gewürfelt
1 Kartoffel, geschält und klein gewürfelt
1 Speiserübe, klein gewürfelt
1 großes Lorbeerblatt
2 Sternanis
Salz und frisch gemahlener schwarzer Pfeffer
knuspriges Brot zum Servieren

Für das Basilikumöl

4 EL Olivenöl
1 Handvoll frische Basilikumblätter, grob gehackt

1 Den Weißwein in einem großen Topf zum Kochen bringen. 2–3 Minuten sprudelnd kochen und auf die Hälfte einreduzieren lassen.

2 Die restlichen Suppenzutaten in den Topf geben und kurz aufkochen. Die Temperatur reduzieren, den Deckel auflegen und die Suppe 40 Minuten sanft köcheln lassen, bis die Graupen gar sind. Lorbeerblatt und Sternanis herausnehmen und wegwerfen. Die Suppe mit Salz und Pfeffer abschmecken.

3 Das Basilikumöl zubereiten: Öl und Basilikumblätter mit dem Stabmixer oder im Standmixer glatt pürieren.

4 Die Suppe in vorgewärmte Schalen geben, mit Basilikumöl beträufeln und mit knusprigem Brot servieren.

Möhren-Orangen-Suppe

FÜR **4 PERSONEN** VORBEREITUNG **10 MIN.** GARZEIT **40 MIN.**

Diese erfrischende, fein würzige Suppe ist ein perfekter erster Gang für Sommertage. Mit ein wenig Sahne oder fettarmem Joghurt garniert, wirkt sie elegant.

ZUTATEN

2 TL leichtes Olivenöl oder Sonnenblumenöl
1 Lauchstange, in Ringe geschnitten
500 g Möhren, in Scheiben geschnitten
1 Kartoffel, geschält und gewürfelt
½ TL gemahlener Koriander
1 Prise gemahlener Kreuzkümmel
300 ml Orangensaft
500 ml Gemüsebrühe
1 Lorbeerblatt
Salz und frisch gemahlener schwarzer Pfeffer
2 EL gehacktes frisches Koriandergrün zum Garnieren

1 Das Öl mit dem Lauch und den Möhren in einem großen Topf unter häufigem Rühren bei niedriger Hitze 5 Minuten andünsten, bis der Lauch weich wird. Kartoffel, Koriander und Kreuzkümmel dazugeben, dann Orangensaft und Brühe angießen. Das Lorbeerblatt hineingeben, mit Salz und Pfeffer würzen und gelegentlich umrühren.

2 Die Suppe bei starker Hitze kurz aufkochen, dann die Temperatur reduzieren und alles 40 Minuten köcheln lassen, bis das Gemüse sehr weich wird.

3 Die Suppe leicht abkühlen lassen und dann mit dem Stabmixer oder im Standmixer glatt pürieren – falls nötig, portionsweise arbeiten.

4 Die Suppe in den Topf zurückfüllen. Ist sie zu dickflüssig, ein wenig Wasser zugeben. Kurz aufkochen, dann die Suppe in vorgewärmte Schalen füllen und mit Korianderblättern garniert servieren.

Avocado-Gurken-Suppe mit Sauerampfer

FÜR **4–6 PERSONEN** ZUBEREITUNG **5–10 MIN.**

Eine herrliche kalte Suppe für Tage, an denen es zum Kochen zu heiß ist. Auf dem Markt oder im Hofladen finden Sie Sauerampfer mit seinem zitronigen Spinataroma.

1 Avocado, Sauerampfer, Gurke, Joghurt und Knoblauch mit 120 ml Wasser in einem Topf mit dem Stabmixer oder im Standmixer glatt pürieren. Abschmecken und nach Bedarf etwas mehr Sauerampfer oder Salz und Pfeffer zugeben. Ist sie zu dickflüssig, die Suppe mit ein wenig Wasser verdünnen.

2 Die Suppe auf 4–6 Schalen oder Tassen verteilen und mit ein wenig Avocadoöl beträufeln. Sofort oder spätestens innerhalb von 1 Stunde frisch servieren.

ZUTATEN

1 reife, cremige Avocado, halbiert, entsteint und geschält (siehe S. 236–237)
1 großzügige Handvoll Sauerampferblätter (harte Stiele entfernt)
¼ Salatgurke, grob gewürfelt, nicht geschält
75 g griechischer Joghurt (10 % Fett i. Tr.)
1–2 Knoblauchzehen, gehackt
Salz und frisch gemahlener schwarzer Pfeffer
Avocadoöl zum Beträufeln

Topinambursuppe mit Safran und Thymian

FÜR **4–6 PERSONEN** VORBEREITUNG **15 MIN.** GARZEIT **35–45 MIN.**

Das Verhältnis von Topinambur und Möhren kann frei variiert werden, solange beide zusammen 700 g ergeben. Die Möhren geben der Suppe Farbe und Süße.

ZUTATEN

- 2 EL Sonnenblumenöl oder Olivenöl, plus etwas mehr zum Beträufeln
- 2 Zwiebeln, gehackt
- 3 Knoblauchzehen, gehackt
- 350 g Topinambur, geputzt und grob gehackt
- 350 g Möhren, geputzt und grob gehackt
- Salz
- 1,2 l heiße Gemüsebrühe
- 1 EL Thymianblätter oder 1½ TL getrockneter Thymian
- 1 große Prise Safran (etwa 30 Fäden)
- frisch gepresster Saft von ½ Zitrone
- frisch gemahlener schwarzer Pfeffer

1 Das Öl in einem großen Topf bei mittlerer Hitze heiß werden lassen und die Zwiebeln darin 5 Minuten glasig schwitzen. Den Knoblauch zugeben und 30 Sekunden anbraten, bis er zu duften beginnt. Topinambur und Möhren mit ein wenig Salz zugeben. Den Deckel auflegen und das Gemüse unter regelmäßigem Rühren 10–15 Minuten dünsten, bis es weich wird.

2 Die Brühe angießen und Thymian und Safran einrühren. Die Suppe aufkochen, dann die Temperatur reduzieren und alles zugedeckt 20 Minuten köcheln lassen, bis das Gemüse gar ist. Kurz abkühlen lassen, dann mit dem Stabmixer oder im Standmixer glatt pürieren. Den Zitronensaft einrühren und mit Salz und Pfeffer würzen. Die Suppe in vorgewärmte Schalen füllen und mit ein wenig Öl beträufelt servieren.

Linsensuppe

FÜR **4 PERSONEN** VORBEREITUNG **20 MIN.** GARZEIT **35 MIN.**

Diese herzhafte Suppe hat eine leichte Schärfe und ist schnell zubereitet. Besonders cremig wird sie glatt püriert. Reichen Sie dazu reichlich knuspriges Brot.

1 Das Öl in einem großen Topf bei mittlerer Hitze heiß werden lassen. Zwiebeln, Sellerie und Möhren zugeben und unter Rühren 5 Minuten anbraten, bis die Zwiebeln glasig sind.

2 Knoblauch und Currypulver hinzufügen und unter Rühren eine weitere Minute garen. Dann Linsen, Brühe und Tomaten- oder Gemüsesaft zugeben.

3 Die Suppe zum Kochen bringen, dann die Temperatur reduzieren. Den Deckel auflegen und alles 25 Minuten köcheln lassen, bis das Gemüse gar ist. Mit Salz und Pfeffer würzen und heiß servieren.

ZUTATEN

1 EL Olivenöl
2 Zwiebeln, fein gehackt
2 Selleriestangen, fein gehackt
2 Möhren, fein gehackt
2 Knoblauchzehen, zerdrückt
1–2 TL Currypulver
150 g rote Linsen
1,5 l Gemüsebrühe
120 ml Tomaten- oder Gemüsesaft
Salz und frisch gemahlener schwarzer Pfeffer

Vier Variationen mit Pilzen

Pilzsuppe ▶

ZUBEREITUNG 55 Min. **FÜR** 4 Pers.

2 EL **Butter** in einem Topf zerlassen, 1 fein gehackte **Zwiebel**, 2 fein gehackte **Selleriestangen** und 1 zerdrückte **Knoblauchzehe** zugeben und 3–4 Minuten glasig schwitzen. 450 g grob gehackte **Mischpilze** einrühren und weitere 5–6 Minuten braten. 200 g geschälte und gewürfelte **Kartoffeln** und 1 l **Gemüsebrühe** zugeben und aufkochen. Die Temperatur reduzieren und alles 30 Minuten sanft köcheln lassen. Die Suppe mit dem Stabmixer glatt pürieren – falls nötig, portionsweise. Mit 2 EL fein gehackter **Petersilie** bestreuen, mit **Salz** und frisch gemahlenem **schwarzem Pfeffer** würzen und servieren.

◀ Tofu-Pilz-Stroganoff

ZUBEREITUNG 35 Min. **FÜR** 4 Pers.

1 EL **Sonnenblumenöl** in einer Pfanne erhitzen und 350 g gewürfelten **Tofu** bei starker Hitze unter Rühren anbraten, dann herausheben. 1 EL Öl zugeben, Temperatur reduzieren und 1 fein geschnittene **rote Zwiebel** und 2 zerdrückte **Knoblauchzehen** glasig schwitzen. 1 **rote** und 1 **orangefarbene Paprika** in Streifen sowie 250 g geviertelte **Mischpilze** zugeben und 5 Minuten pfannenrühren. Je 2 EL **Tomatenmark** und cremige **Erdnussbutter** sowie den Tofu zugeben. 150 ml **Gemüsebrühe** und 2 TL mit Wasser verrührte **Speisestärke** einrühren und 3 Minuten kochen. 200 g **Crème fraîche, Salz** und **schwarzen Pfeffer** zugeben. 2 Minuten köcheln, mit **Schnittlauch** garnieren und mit **Reis** servieren.

Von den milden Zuchtchampignons bis zu den nussigen Pfifferlingen gibt es eine riesige Vielfalt an Speisepilzen. Sie sollten fest sein und erdig riechen. Vorsichtig mit Küchenpapier abreiben, aber nicht waschen.

Pilze in Knoblauchsauce ►

ZUBEREITUNG 25 Min. **FÜR** 4 Pers.

4 EL **Olivenöl** in einer Pfanne erhitzen. 400g halbierte **braune Champignons**, 4 fein geschnittene **Knoblauchzehen** und 2 **rote Chilischoten**, entkernt und fein geschnitten, zugeben und bei niedriger Hitze 2 Minuten anschwitzen. 4 EL trockenen **Sherry** und 1 zerkrümelten Würfel **Gemüsebrühe** zugeben und mit frisch gemahlenem **schwarzem Pfeffer** würzen. Bei mittlerer Hitze 10 Minuten kochen lassen, bis die Pilze Flüssigkeit abgeben. Die Flüssigkeit weitere 3 Minuten auf die Hälfte einreduzieren. Dann mit frischen **Krustenbrot** servieren.

◄ Pilz-Bruschetta

ZUBEREITUNG 30 Min. **FÜR** 12 Pers.

Den Backofen auf 160°C Umluft vorheizen. 12 Scheiben **Ciabatta** mit **Olivenöl** bestreichen und 10 Minuten im Ofen rösten. 60g **Butter** in einem Topf zerlassen und 4 fein gehackte **Schalotten** und 2 fein gehackte **Knoblauchzehen** darin 5 Minuten glasig schwitzen. 450g in Scheiben geschnittene **Pilze** zugeben und anbraten. 4 EL **Marsala** zufügen, aufkochen und einkochen. Die Temperatur reduzieren, 100g **Crème double** zugeben und nochmals 5 Minuten köcheln. Mit **Salz** und frisch gemahlenem **schwarzem Pfeffer** würzen und 2 EL fein gehackte frische **Petersilie** und 3 EL geriebenen **Parmesan** einrühren. Die Mischung auf den gerösteten Broten verteilen.

Suppen & Salate

Antipasti-Salat

FÜR **4 PERSONEN** VORBEREITUNG **30 MIN.** GARZEIT **10 MIN.**

Eine Mischung aus Kopf- und Pflücksalaten, wie Rucola oder Mizuna, verleiht diesem Salat sein Aroma. Mozzarella, Oliven und Tomaten geben ihm Farbe.

ZUTATEN

400 g grüne Bohnen
Salz und frisch gemahlener schwarzer Pfeffer
3 EL gehackte frische Petersilie
2 TL frische Zitronenthymianblätter
1 EL gehackter Fenchel
2 EL natives Olivenöl extra
125 g gemischter Pflücksalat
400 g Artischockenherzen (aus der Dose), abgetropft und halbiert
125 g Mini-Mozzarella
16 schwarze Oliven, entsteint und gehackt
125 g Kirschtomaten, halbiert
2 Frühlingszwiebeln, gehackt
3 EL gehackter frischer Kerbel

Für das Dressing

5 EL natives Olivenöl extra
½ Knoblauchzehe, zerdrückt
1 ½ EL Balsamico-Essig

1 In einem Topf leicht gesalzenes Wasser zum Kochen bringen. Die grünen Bohnen putzen und die Enden abschneiden. Die Bohnen im kochenden Wasser 5–7 Minuten blanchieren. Mit einem Schaumlöffel herausheben, in eiskaltem Wasser abschrecken, abgießen und abtropfen lassen.

2 Die Bohnen in einer großen, weiten Salatschüssel mit Salz und Pfeffer leicht würzen. Mit der Hälfte der Petersilie, des Zitronenthymians und des Fenchels bestreuen. Mit Olivenöl beträufeln, durchheben und beiseitestellen.

3 Das Dressing zubereiten: In einem kleinen Krug das Olivenöl mit Salz und Pfeffer würzen und mit Knoblauch und Balsamico-Essig verrühren. Den Rest Petersilie, Zitronenthymian und Fenchel einrühren.

4 Die Salatblätter über den Bohnen verteilen, dann Artischockenherzen, Mozzarella, Oliven, Tomaten und Frühlingszwiebeln daraufgeben. Das Dressing nochmals durchrühren und den Salat damit beträufeln. Den Antipasti-Salat durchheben, mit Kerbel bestreuen und servieren.

Sellerie-Apfel-Salat mit Blauschimmelkäse-Dressing

FÜR 4 PERSONEN **VORBEREITUNG 10 MIN.** **GARZEIT 2 MIN.**

Der kräftige Geschmack von Sellerie und Brunnenkresse oder Rucola bildet ein schönes Gegengewicht zum intensiven Dressing – die Walnüsse sorgen für Biss.

1 Die Walnusskerne in einer Pfanne oder im Wok ohne Fett ein paar Minuten rösten, bis sie goldbraun und knusprig sind. In eine Schüssel umfüllen, beiseitestellen und abkühlen lassen.

2 100 g Blauschimmelkäse, Essig, Öl, Salz und reichlich frisch gemahlenen Pfeffer mit dem Stabmixer oder im Standmixer zu einem glatten, cremigen Dressing pürieren, das dickflüssig, aber gießbar sein sollte. Ist es zu dickflüssig, mit 1 EL kaltem Wasser verdünnen.

3 Sellerie, Äpfel und Brunnenkresse oder Rucola in einer großen Schüssel mischen. Das Dressing unterheben und alles noch einmal abschmecken. Den Rest des Käses zerkrümelt darübergeben und den Salat mit den Walnusskernen bestreut servieren.

ZUTATEN

60 g Walnusskerne, gehackt
300 g Blauschimmelkäse (z. B. Gorgonzola oder Dolcelatte)
4 EL Apfelessig
4 EL Haselnuss- oder Walnussöl
Salz und frisch gemahlener schwarzer Pfeffer
4 Selleriestangen, geputzt und diagonal in 1 cm breite Stücke geschnitten
2 grüne Äpfel, Kerngehäuse entfernt und in 1 cm breite Spalten geschnitten
4 große Handvoll Brunnenkresse oder Rucola

Auberginensalat

FÜR 6 PERSONEN **VORBEREITUNG 15 MIN.** **GARZEIT 10 MIN.**

Da die Auberginen in diesem Rezept gedämpft und nicht gebraten werden, können sie das Nussaroma des Walnussöls wunderbar aufnehmen.

ZUTATEN

2 Auberginen, geschält und in 2 cm große Würfel geschnitten
60 g weicher Ziegenkäse, zerkrümelt
2 reife Tomaten, entkernt und gewürfelt
1 kleine rote Zwiebel, fein gewürfelt
1 Handvoll glatte Petersilie, fein gehackt
60 g Walnusskerne, leicht geröstet und gehackt
1 EL Sesamsamen, leicht geröstet
Salz und frisch gemahlener schwarzer Pfeffer

Für das Dressing

1 Knoblauchzehe, zerdrückt
4 EL Walnussöl
frisch gepresster Saft von 1 Zitrone

1 Die Auberginen in einem Dämpfeinsatz über köchelndem Wasser 10 Minuten zugedeckt dämpfen. Leicht abkühlen lassen, dann vorsichtig möglichst viel Feuchtigkeit aus den Würfeln drücken.

2 Alle Zutaten in eine große Salatschüssel geben und durchheben. Die Zutaten für das Dressing verrühren und unter den Salat heben. Mit Salz und Pfeffer kräftig würzen.

Chicorée-Spinat-Salat mit Birnen

FÜR 4 PERSONEN **ZUBEREITUNG 10 MIN.**

Der knackige Chicorée und der milde, zarte Spinat ergänzen sich hervorragend mit dem cremigen Käse, den süßen Birnen und der kräftigen Senf-Vinaigrette.

1 Die Vinaigrette zubereiten: Honig, Senf, Öl und Essig in ein Schraubglas geben und gut schütteln. Mit Salz und Pfeffer würzen. Alternativ die Zutaten in einer Schüssel verrühren.

2 Den bitteren Chicoréestrunk kegelförmig herausschneiden. Dann die Köpfe quer in Streifen schneiden und die Blätter teilen. Spinat, Chicorée, Birnenspalten, Dolcelatte und Schalotten in einer Salatschüssel mit der Vinaigrette beträufeln, den Salat vorsichtig durchheben und servieren.

ZUTATEN

2 weiße Chicorée
200 g junge Spinatblätter
2 feste, reife Birnen, geschält und in Spalten geschnitten
100 g Dolcelatte, in kleine Würfel geschnitten
3 Schalotten, in feine Ringe geschnitten

Für die Vinaigrette

1 EL flüssiger Honig
½ EL Dijon-Senf
6 EL natives Olivenöl extra
2 EL Rotweinessig
Salz und frisch gemahlener schwarzer Pfeffer

Auberginen-Zucchini-Bohnen-Salat mit Mozzarella und rotem Pestodressing

FÜR **4–6 PERSONEN** VORBEREITUNG **10 MIN.** GARZEIT **25 MIN.**

Ein leichtes Mittagessen für vier Personen oder eine Vorspeise für sechs. Zwiebeltrick: Die Spitze und das Wurzelende vor dem Schälen und Schneiden entfernen.

ZUTATEN

2 kleine Auberginen
2 Zucchini
7 EL Olivenöl
400 g Flageolet-Bohnen (aus der Dose), abgespült und abgetropft
1 Knoblauchzehe, zerdrückt
Salz und frisch gemahlener schwarzer Pfeffer
1–2 EL frisch gepresster Limettensaft
100 g Kirschtomaten, halbiert
1 kleine rote Zwiebel, in dünne Ringe geschnitten
4 EL Paprika-Mandel-Chili-Pesto (Rezept S. 214–215 oder fertiges Pesto rosso verwenden)
125 g Mozzarella, in kleine Stücke gezupft
ein paar mit Paprika gefüllte grüne Oliven, halbiert
knuspriges Brot zum Servieren

1 Eine Grillpfanne erhitzen. Auberginen und Zucchini putzen, längs in 5 mm dünne Scheiben schneiden und mit etwas Öl bestreichen. Portionsweise in der heißen Pfanne von jeder Seite 3 Minuten braten. Dabei mit dem Pfannenwender flach drücken, bis sie gar sind und braune Streifen haben. In Alufolie gewickelt warm halten.

2 Die Flageolet-Bohnen in einem großen Topf mit 2 EL Öl beträufeln und mit Knoblauch, Salz, Pfeffer und Limettensaft (ein wenig für das Pesto aufbewahren) nach Wunsch würzen. Unter sanftem Rühren erwärmen, dann vom Herd nehmen. Tomaten und Zwiebel zugeben und sanft durchheben.

3 Das Pesto mit etwa 4 EL Öl zu einem dickflüssigen Dressing verdünnen. Mit ein wenig Limettensaft abschmecken.

4 Auberginen und Zucchini vorsichtig unter die Bohnen heben. Die Mischung sollte gerade noch warm sein.

5 Den Mozzarella unterheben, dann den Salat auf Schalen oder Teller verteilen. Mit Pestodressing beträufeln und mit Oliven bestreut servieren. Dazu knuspriges Brot reichen.

Thailändischer Gemüsesalat mit Kohl und Erdnüssen

FÜR **4 PERSONEN** ZUBEREITUNG **15 MIN.**

Diese vereinfachte Version des Salats »Som Tam« hat ein süßsaures Dressing mit scharfer, leicht salziger Note. Mit kaltem Reis oder Nudeln wird er zum Hauptgericht.

ZUTATEN

2 säuerliche Äpfel
4 Möhren, geraspelt
1 kleiner Weißkohl, gehobelt
1 Handvoll Sonnenblumenkerne
1 Handvoll gesalzene oder trocken geröstete Erdnusskerne

Für das Dressing
2 EL helle Sojasauce
1 grüne Chilischote, entkernt und fein gehackt
1 Knoblauchzehe, zerdrückt
frisch gepresster Saft von 2 Limetten
1–2 TL Zucker
1 Handvoll frisches Koriandergrün, fein gehackt

1 Das Dressing zubereiten: Alle Zutaten in einer kleinen Schüssel verrühren, bis der Zucker sich aufgelöst hat. Das Dressing abschmecken – falls nötig, mit etwas Zucker nachsüßen oder mit ein wenig Sojasauce nachsalzen.

2 Die Äpfel vierteln, vom Kerngehäuse befreien und in mundgerechte Stücke schneiden. In einer Schüssel mit Möhren, Kohl und Sonnenblumenkernen gründlich durchheben.

3 Den Salat mit dem Dressing beträufeln und nochmals durchheben. In eine Servierschüssel umfüllen und mit Erdnusskernen bestreut servieren.

Kürbissalat mit Cranberrys und Maronen

FÜR **4 PERSONEN** VORBEREITUNG **10 MIN.** GARZEIT **30 MIN.**

Dieser warme Salat nutzt typische Winterzutaten und verbindet sie zu einer sanft-würzigen Speise. Er eignet sich auch gut als Beilage zu einem Hauptgericht.

1 Öl und Butter in einer kleinen Pfanne erhitzen. Piment, Zimt und Kürbis hineingeben. Mit Salz und Pfeffer kräftig würzen und bei mittlerer Hitze unter gelegentlichem Rühren 15 Minuten braten, bis der Kürbis weich zu werden beginnt. Falls nötig, etwas mehr Öl zugeben.

2 Die Maronen zugeben und rühren, bis sie mit Öl umhüllt sind. Den Pfanneninhalt zugedeckt bei niedriger Hitze 5–10 Minuten garen, dann die Cranberrys zugeben und nochmals 5 Minuten garen.

3 Abschmecken und – falls die Cranberries zu sauer sind – mit ein wenig Zucker nachwürzen. (Kochen, bis der Zucker gelöst ist.)

4 In einer flachen Schale ein Salatbett aus Rucola und Brunnenkresse aufhäufen und die Kürbismischung darauf verteilen. Warm servieren.

ZUTATEN

1–2 EL natives Olivenöl extra
1 EL Butter
1 Prise gemahlener Piment
1 Prise gemahlener Zimt
1 Butternuss-Kürbis, geschält, halbiert, entkernt und in mundgerechte Stücke geschnitten
Salz und frisch gemahlener schwarzer Pfeffer
250 g Maronen (vorgegart und vakuumiert)
50 g Cranberrys
Zucker (nach Geschmack)
100 g Mischsalat aus Rucola und Brunnenkresse

Warmer Nudelsalat mit Kohl, Enteneiern und Trüffelöl

FÜR **4 PERSONEN** VORBEREITUNG **20 MIN.** GARZEIT **25 MIN.**

Falls Wildpilze nicht erhältlich sind, verwenden Sie 150 g dick geschnittene, weiße oder braune Zuchtchampignons und 1 Handvoll getrocknete Morcheln, Pfifferlinge oder Steinpilze.

ZUTATEN

4 große Enteneier, abgebürstet
Salz
250 g Conchiglie (Muschelnudeln)
200 g fein geschnittener Grünkohl, dicke Strünke entfernt
1 EL Butter
2 EL Olivenöl
200 g gemischte Wildpilze, je nach Größe in Stücke geschnitten
2 EL gehackter frischer Thymian, plus ein paar Blätter zum Garnieren
frisch gemahlener schwarzer Pfeffer
2 Frühlingszwiebeln, in Ringe geschnitten
4 EL Trüffelöl
2 EL weißer Balsamico-Essig
1 kleine schwarze Trüffel, gehobelt, zum Garnieren (nach Wunsch)
warmes Ciabatta zum Servieren

1 Die Enteneier in einen Dünsteinsatz oder ein großes Metallsieb legen. Eine Schüssel mit kaltem Wasser füllen und neben dem Herd platzieren.

2 In einem großen Topf gesalzenes Wasser zum Kochen bringen, dann die Nudeln hineingeben. Erneut aufkochen, den Dünstkorb mit den Eiern daraufsetzen und zugedeckt 5 Minuten kochen. Den Kohl mit in den Dünstkorb geben, abdecken und weitere 5 Minuten garen. Den Dünstkorb vom Topf heben und die Eier sofort im kalten Wasser abschrecken. Die Nudeln abgießen und mit fließendem kaltem Wasser abschrecken. Abtropfen lassen und wieder in den Topf füllen.

3 Während der Kohl weitere 5 Minuten gart, in einer Pfanne Butter und Olivenöl erhitzen. Pilze und Thymian darin unter Rühren 3 Minuten anbraten. Mit Salz und Pfeffer würzen, dann die Nudeln, den Kohl und die Frühlingszwiebeln zugeben.

4 2 EL Trüffelöl zum Pilzsaft in die Pfanne geben. Balsamico-Essig, 1 Prise Salz und etwas Pfeffer zugeben. Unter Rühren erhitzen und dann über dem Nudelsalat verteilen. Vorsichtig unterheben.

5 Den Salat auf Teller verteilen und mit dem restlichen Trüffelöl beträufeln. Die Enteneier pellen und auf jeden Teller ein Ei setzen. Jetzt erst die Eier aufschneiden, sodass das Eigelb leicht auslaufen kann. Mit Trüffelspänen (falls verwendet) und mit Thymianblättern garniert servieren. Dazu warmes Ciabatta reichen.

Bulgursalat mit Okraschoten

FÜR **4 PERSONEN** VORBEREITUNG **15 MIN.** GARZEIT **30 MIN.**

Bulgur ist warm und kalt eine wunderbare Salatgrundlage. Sie können ihn auf einem Salatbett anrichten oder einzelne Blätter wie Schiffchen mit ihm befüllen.

ZUTATEN

200 g Bulgur
4 EL Olivenöl, plus etwas mehr zum Beträufeln
1 große Zwiebel, fein gehackt
200 g Okraschoten, geputzt und in Stücke geschnitten
100 g Baby-Maiskolben, in kurze Stücke geschnitten
225 g junge Dicke Bohnen in der Schote, blanchiert und aus den Schoten gelöst
3 Knoblauchzehen, gerieben oder fein gehackt
75 ml trockener Weißwein
1 Handvoll frischer Dill, gehackt, plus ein paar Stängel zum Garnieren
Salz und frisch gemahlener schwarzer Pfeffer
2 Tomaten, in Spalten geschnitten, zum Garnieren

1 Den Backofen auf 130 °C Umluft vorheizen. Den Bulgur in eine Schüssel geben und mit kochendem Wasser bedecken. Mit einem Küchentuch abdecken und 5 Minuten quellen lassen, dann mit der Gabel auflockern.

2 In der Zwischenzeit das Öl in einer großen Pfanne erhitzen und die Zwiebeln darin bei mittlerer Hitze 5 Minuten leicht glasig schwitzen. Okraschoten, Maiskolben und Dicke Bohnen zugeben und 2 Minuten garen, dann den Knoblauch hinzufügen und unter häufigem Rühren nochmals 2–3 Minuten garen.

3 Wein und Dill einrühren und 2 Minuten kochen, dann den Bulgur unterheben. Die Mischung in eine Auflaufform füllen, mit Salz und Pfeffer würzen und mit Alufolie abdecken. Im Backofen unter gelegentlichem Rühren 20 Minuten backen. Aus dem Ofen nehmen, mit der Gabel auflockern und mit Alufolie abgedeckt völlig auskühlen lassen. Mit ein wenig Öl beträufeln und mit Tomatenspalten und Dillstängeln garniert servieren.

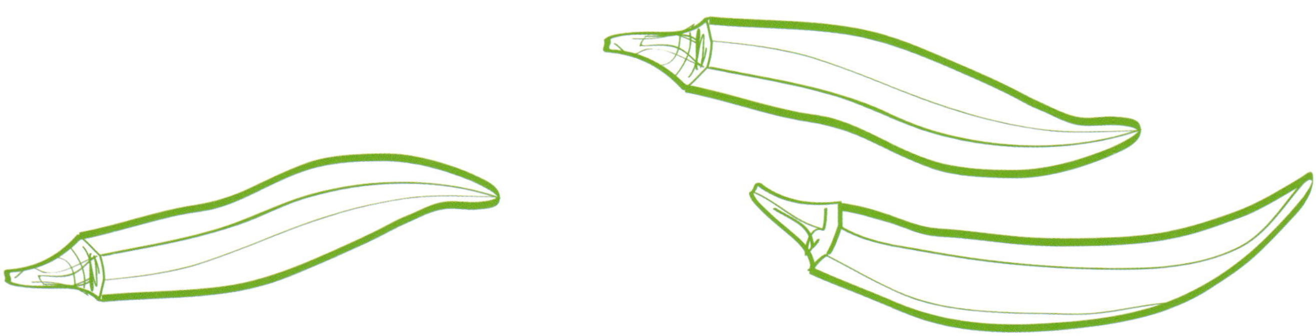

Quinoa-Bohnen-Salat mit Dill

FÜR **4 PERSONEN** VORBEREITUNG **15 MIN.** GARZEIT **20 MIN.**

Den Salat mindestens 1 Stunde im Voraus zubereiten, damit er durchziehen kann und die Aromen genügend Zeit haben, sich zu entwickeln.

1 Die Quinoa in einem Topf mit Wasser bedecken, zum Kochen bringen und nach Packungsanweisung garen. Abgießen, unter kaltem Wasser waschen und nochmals abtropfen lassen, dann in eine große Schüssel umfüllen.

2 Die Dicken Bohnen in einem Topf mit kochendem Salzwasser 2 Minuten gar kochen. Abgießen und unter kaltem Wasser abspülen. Bei frischen Bohnen: Kerne, die größer als ein Daumennagel sind, aus den gegebenenfalls ledrigen Häutchen drücken. Die Bohnenkerne zur Quinoa in die Schüssel geben.

3 Das Öl in einer großen Pfanne erhitzen, die Zucchini zugeben und mit Salz und Pfeffer würzen. Knoblauch, Chiliflocken und Zitronenschale einrühren und bei mittlerer Hitze 5–6 Minuten goldbraun braten. Die Zucchini zu Quinoa und Bohnen geben und alles gut durchmischen. Die Sultaninen (falls verwendet) hinzufügen und gründlich unterheben. Mit Zitronensaft und Olivenöl beträufeln, noch einmal abschmecken und servieren. Dazu Brot reichen.

ZUTATEN

200 g Quinoa
250 g Dicke Bohnen, frisch oder tiefgekühlt (Gewicht ohne Schoten)
Salz
1 EL Olivenöl
3 kleine Zucchini, geputzt, längs halbiert und in kleine Würfel geschnitten
frisch gemahlener schwarzer Pfeffer
2 Knoblauchzehen, fein gehackt
1 Prise getrocknete Chiliflocken
abgeriebene Schale und Saft von 1 Bio-Zitrone
1 Handvoll Sultaninen (nach Wunsch)
1 Bund frischer Dill, fein gehackt
1 EL fruchtiges natives Olivenöl extra
Brot zum Servieren

Fenchelsalat mit Ziegenkäse

FÜR 6 PERSONEN **ZUBEREITUNG 10 MIN. PLUS 1 STD. MARINIERZEIT**

Gewürfelter Ziegenkäse und ein paar Apfelspalten verwandeln diesen Salat nicht nur in ein leichtes Mittagessen, sondern lassen ihn verlockend aussehen.

ZUTATEN

1 Fenchelknolle, in feine Streifen geschnitten und zerteilt
½ EL Balsamico-Essig
3 EL natives Olivenöl extra
1 Knoblauchzehe, zerdrückt
Salz und frisch gemahlener schwarzer Pfeffer
150 g gemischter Pflücksalat (z. B. Brunnenkresse, junger Spinat, Rucola und Feldsalat)
120 g Ziegenkäserolle, gewürfelt
1 roter Apfel, geviertelt, Kerngehäuse entfernt, in Spalten geschnitten und in Zitronensaft gewendet

1 Den Fenchel in einer Schüssel mit ein paar Tropfen Essig, 1 EL Öl und dem Knoblauch mischen und mit Salz und Pfeffer würzen. Zum Marinieren 1 Stunde abgedeckt beiseitestellen.

2 Vor dem Servieren den Pflücksalat mit dem restlichen Essig und Öl unterheben, nochmals mit Salz und Pfeffer abschmecken und den Salat auf Teller verteilen. Mit Ziegenkäse und Apfelspalten garniert servieren.

Kartoffelsalat Niçoise

FÜR 4 PERSONEN **VORBEREITUNG 15 MIN.** **GARZEIT 15 MIN.**

Dieser gehaltvolle Salat ist eine pfiffige Variante des Klassikers. Statt der grünen Bohnen passen auch gut frisch gepalte und gekochte Dicke Bohnen dazu.

1 Die Kartoffeln in kaltem Salzwasser aufsetzen, aufkochen und 15 Minuten garen. 5 Minuten vor Ende der Garzeit die Bohnen zugeben und den Mais 1 Minute vor Ende. Abgießen, unter kaltem Wasser abschrecken und abtropfen lassen.

2 In der Zwischenzeit die Eier in köchelndem Wasser 8 Minuten hart kochen. Abgießen und in kaltem Wasser abschrecken.

3 Das gekochte Gemüse mit Zwiebelringen, Tomaten, Gurke, Salat, Basilikum und Oliven in eine große Schüssel geben.

4 Das Dressing zubereiten: Alle Zutaten zu einem dickflüssigen, homogenen Dressing verrühren. Über den Salat träufeln und alles vorsichtig durchheben.

5 Die hart gekochten Eier pellen und vierteln. Den Salat in Schälchen füllen und mit jeweils 4 Eiervierteln garniert servieren.

ZUTATEN

350 g kleine festkochende Salatkartoffeln, sorgfältig gewaschen
120 g grüne Bohnen, geputzt und in kurze Stücke geschnitten
120 g Baby-Maiskolben, in kurze Stücke geschnitten
4 Eier
1 kleine rote Zwiebel, in dünne Ringe geschnitten
12 Kirschtomaten, halbiert
¼ Gurke, in kleine Würfel geschnitten
1 Salatherz, in kleine Stücke gezupft
1 Handvoll frische Basilikumblätter, gehackt
1 Handvoll schwarze Oliven, entsteint (nach Wunsch)

Für das Dressing

3 EL natives Olivenöl extra
1 EL Weißweinessig
1 TL Dijon-Senf
½ TL Zucker
Salz und frisch gemahlener schwarzer Pfeffer

Nudeln & Reis

Farfalle mit Spinat, Avocado, Tomate und Kürbiskernen

FÜR **4 PERSONEN** VORBEREITUNG **10 MIN.** GARZEIT **16 MIN.**

Halbgetrocknete Tomaten sind voller Aroma. Sie sind zumeist in Öl eingelegt. Sie können aber auch sonnengetrocknete Tomaten verwenden.

ZUTATEN

400 g Farfalle
2 EL Olivenöl
4 Frühlingszwiebeln, in kurze Stücke geschnitten
1 Knoblauchzehe, fein gehackt
1 TL zerstoßene getrocknete Chilischoten
350 g junge Spinatblätter
150 ml Gemüsebrühe
4 halbgetrocknete oder sonnengetrocknete Tomaten, gehackt
175 g Mini-Eiertomaten, gehackt
30 g entsteinte schwarze Oliven, in Scheiben geschnitten
1½ EL eingelegte Kapern, abgetropft
2 Avocados, geschält, entsteint und gewürfelt
1 Spritzer frisch gepresster Zitronensaft
Salz und frisch gemahlener schwarzer Pfeffer
3 EL Kürbiskerne
Zitronenspalten und ein paar frische Basilikumblätter, klein gezupft, zum Garnieren

1 In einem großen Topf Salzwasser aufkochen, die Nudeln darin nach Packungsanweisung bissfest garen und anschließend abgießen. Das Öl in einer tiefen Pfanne oder im Topf erhitzen. Frühlingszwiebeln und Knoblauch darin unter sanftem Rühren 1 Minute anbraten. Die Chilis einrühren.

2 Spinat und Brühe zugeben und unter sanftem Rühren 2 Minuten blanchieren, bis der Spinat weich zu werden beginnt. Die Nudeln und die restlichen Zutaten vorsichtig unterheben. Alles zusammen weitere 3 Minuten köcheln lassen, bis die Flüssigkeit fast vollständig aufgenommen ist.

3 Den Salat auf vorgewärmte, tiefe Teller verteilen und mit Zitronenspalten und Basilikum garniert servieren.

Penne mit Spargel und Zucchini

FÜR 4 PERSONEN **VORBEREITUNG 10 MIN.** **GARZEIT 20 MIN.**

Mit diesem simplen Nudelrezept machen Sie den Spargel zum Hauptgericht und heben mit spritziger Zitrone und salzigen Kapern die Frische der Zutaten hervor.

ZUTATEN

1 EL Olivenöl
1 Zwiebel, fein gehackt
Meersalz
4 kleine Zucchini, 2 gewürfelt, 2 geraspelt
3 Knoblauchzehen, gerieben oder fein gehackt
1 Bund dünne Spargelstangen, geputzt und in je 3 Stücke geschnitten
75 ml Weißwein
1–2 TL abgespülte, getrocknete und gehackte Kapern
abgeriebene Schale von 1 Bio-Zitrone
350 g Penne
1 Handvoll frische glatte Petersilie, fein gehackt
frisch geriebener Parmesan zum Servieren

1 Das Öl in einer großen Pfanne erhitzen und die Zwiebel mit 1 Prise Meersalz darin bei niedriger Hitze 5 Minuten glasig schwitzen. Die Zucchini dazugeben und 10 Minuten anbraten, bis sie weich, aber nicht gebräunt ist.

2 Knoblauch und Spargel einrühren. Den Wein angießen, die Temperatur erhöhen und alles 2–3 Minuten kochen. Die Temperatur reduzieren und weitere 2–3 Minuten köcheln, bis der Spargel weich ist. Die Pfanne vom Herd nehmen und Kapern und Zitronenschale einrühren.

3 In der Zwischenzeit in einem Topf Salzwasser aufkochen und die Nudeln darin nach Packungsanweisung bissfest garen. Abgießen, dabei etwas Kochwasser auffangen. Die Nudeln tropfnass wieder in den Topf geben und den Pfanneninhalt mit der Petersilie vorsichtig unterheben. Ist die Mischung zu trocken, etwas von dem aufgefangenen Kochwasser hinzufügen.

4 Die Penne auf Teller verteilen und mit Parmesan bestreut servieren.

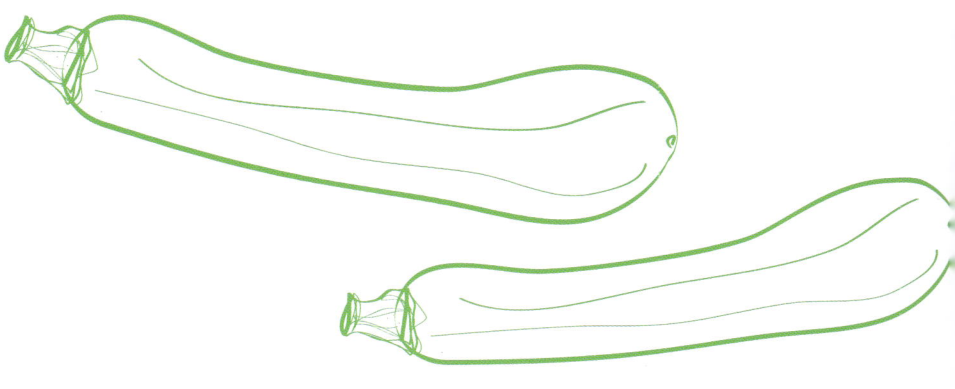

Ravioli mit Ricotta-Kürbis-Füllung

FÜR **4 PERSONEN** VORBEREITUNG **1 STD. PLUS 30 MIN. KÜHLZEIT** GARZEIT **4–5 MIN.**

Die Ravioli lassen sich gut bereits am Vortag zubereiten. Bewahren Sie sie mit Polenta bestäubt und mit geölter Frischhaltefolie zwischen den Lagen im Kühlschrank auf.

1 Das Mehl in eine Schüssel sieben. In die Mitte eine Mulde drücken, die Eier hineingeben und nach und nach vermengen. Den Teig auf einer leicht bemehlten Arbeitsfläche 5 Minuten elastisch kneten. In Frischhaltefolie wickeln und im Kühlschrank 30 Minuten ruhen lassen.

2 Die Füllung zubereiten: In einer Pfanne das Öl erhitzen und den Kürbis darin wenden. 3 EL Wasser, Salz und Pfeffer zugeben. Aufkochen, dann die Temperatur stark reduzieren und zugedeckt unter gelegentlichem Rühren 10 Minuten weich kochen. Leicht abkühlen lassen, dann mit dem Stabmixer oder im Standmixer glatt pürieren. Die Masse in eine Schüssel umfüllen und auskühlen lassen. Ricotta, Parmesan, Knoblauch und Muskatnuss mit dem Kürbismus verrühren, mit Salz und Pfeffer würzen und im Kühlschrank kalt stellen.

3 Den Nudelteig auf der leicht bemehlten Arbeitsfläche dünn ausrollen. Mit einem gewellten Ausstecher (Ø 6 cm) 76–80 Teigkreise ausstechen. Teigreste erneut verkneten und wieder ausrollen. ½ gehäuften TL Füllung auf die Hälfte der Teigkreise geben, den Rand der übrigen Teigkreise mit Wasser bestreichen und mit der angefeuchteten Seite nach unten über die Nudelkreise mit Füllung legen. Rundherum die Ränder durch Andrücken fest verschließen. Die 38–40 Ravioli mit Polenta bestäuben, damit sie nicht verkleben. Abdecken und bis zur Verwendung in den Kühlschrank stellen.

4 In einem großen Topf Salzwasser zum Kochen bringen und die Ravioli darin 4–5 Minuten bissfest garen. Abgießen, abtropfen lassen und zurück in den Topf geben.

5 Die Salbeibutter zubereiten: Öl, Butter, Zitronenschale und Salbei in einer Pfanne unter Rühren erhitzen, bis die Butter flüssig ist. Mit Pfeffer kräftig würzen. Die Ravioli zugeben und unterheben. Auf tiefe Teller verteilen und mit Parmesan bestreut servieren.

ZUTATEN

225 g Pastamehl (Type 00; alternativ Weizenmehl Type 405), plus etwas mehr zum Bestäuben
3 Eier, verschlagen
Polenta zum Bestäuben

Für die Füllung

1 EL Olivenöl
175 g Butternuss-Kürbis, halbiert, entkernt, geschält und gewürfelt
Salz und frisch gemahlener schwarzer Pfeffer
100 g Ricotta
30 g frisch geriebener Parmesan, plus etwas mehr zum Servieren
1 Knoblauchzehe, zerdrückt
½ TL frisch geriebene Muskatnuss

Für die Salbeibutter

3 EL Olivenöl
60 g Butter
abgeriebene Schale von 1 Bio-Zitrone
2 TL grob gehackte frische Salbeiblätter

Kürbis-Spinat-Lasagne mit Gorgonzola

FÜR **4 PERSONEN** VORBEREITUNG **25–30 MIN.** GARZEIT **1–1¼ STD.**

Salbei und Muskatnuss unterstreichen die Aromen dieser reichhaltigen Lasagne. Statt Gartenkürbis eignen sich auch Butternuss-Kürbis oder Süßkartoffeln.

ZUTATEN

1 kleiner Garten- oder Butternuss-Kürbis (etwa 800 g), geschält, halbiert, entkernt und in mundgerechte Stücke geschnitten
1 EL Olivenöl
Salz und frisch gemahlener schwarzer Pfeffer
8 frische Salbeiblätter, grob gehackt
1 Prise frisch geriebene Muskatnuss
1 Prise getrocknete Chiliflocken (nach Wunsch)
1 Prise gemahlener Piment
200 g Spinat
10 vorgekochte Lasagneblätter
125 g Gorgonzola, klein geschnitten
grüner Salat mit leichtem Dressing als Beilage

Für die Sauce

60 g Butter
60 g Weizenmehl
900 ml Milch
1 Lorbeerblatt

1 Den Backofen auf 180 °C Umluft vorheizen. Den Kürbis in eine große Auflaufform geben, das Öl und reichlich Salz und Pfeffer zugeben und den Kürbis darin gründlich wenden. Die Form muss groß sein, damit der Kürbis röstet und nicht schmort. Mit Salbei, Muskatnuss und Chiliflocken (falls verwendet) bestreuen und im heißen Ofen 20–30 Minuten goldbraun rösten. Nach der Hälfte der Zeit einmal wenden. Den Spinat einrühren und zusammenfallen lassen. Die Form beiseitestellen und die Ofentemperatur auf 170 °C reduzieren.

2 Die Sauce zubereiten: In einem mittelgroßen Topf die Butter zerlassen. Vom Herd nehmen und das Mehl einrühren. Unter ständigem Rühren nach und nach die Milch zugießen. Das Lorbeerblatt dazugeben. Den Topf wieder auf den Herd stellen und die Masse unter ständigem Rühren zum Kochen bringen, bis die Sauce andickt. Weitere 2 Minuten unter Rühren kochen. Mit Salz und Pfeffer würzen. Das Lorbeerblatt herausnehmen und wegwerfen. Die Sauce beiseitestellen.

3 Die Hälfte der Kürbismasse in einer 20 × 30 cm großen Auflaufform verteilen. 5 Lasagneblätter auflegen, die Hälfte der Sauce darübergeben und mit der Hälfte des Gorgonzolas bestreuen. Gut würzen. Die Schichtung mit allen Zutaten wiederholen und noch einmal würzen. Die Lasagne 30–40 Minuten goldbraun backen. Mit dem grünen Salat servieren.

Würzige Spaghetti mit Brokkoli

FÜR **4 PERSONEN** VORBEREITUNG **5 MIN.** GARZEIT **20 MIN.**

Ein schnelles und einfaches Rezept für leckeren Sprossbrokkoli. Die Schärfe der Chilis und der Biss der Zitrone sind genau das Richtige für die Wintermonate.

ZUTATEN

200 g weißer oder violetter Sprossbrokkoli
400 g Spaghetti
5 EL Olivenöl zum Braten
1 Bund Frühlingszwiebeln, gehackt
½ TL getrocknete Chiliflocken
frisch gepresster Saft von ½ Zitrone
Salz und frisch gemahlener schwarzer Pfeffer
25 g frisch geriebener Parmesan

1 Den Brokkoli putzen und Mehrfachröschen in einzelne Röschen zerteilen, damit sie gleichmäßiger garen. Dickere Stängel längs halbieren, andere diagonal in Stücke schneiden.

2 Die Spaghetti in einem großen Topf mit kochendem Salzwasser 10 Minuten bissfest garen. Abseihen und wieder in den Topf füllen.

3 In der Zwischenzeit das Öl in einer großen Pfanne oder im Wok erhitzen, Sprossbrokkoli und Frühlingszwiebeln hineingeben und bei mittlerer Hitze 5–10 Minuten pfannenrühren, bis sie gar sind.

4 Brokkoli und Frühlingszwiebeln zu den Spaghetti geben. Chiliflocken und Zitronensaft hinzufügen und mit Salz und Pfeffer würzen. Bei niedriger Hitze vorsichtig durchheben. Mit Parmesan bestreut sofort servieren.

Gebratene Thai-Nudeln

FÜR 4 PERSONEN **VORBEREITUNG 15 MIN.** **GARZEIT 20 MIN.**

Asiatische Gemüse eignen sich hervorragend zum Pfannenrühren und geben dem Gericht Farbe. Vorsicht mit Reisnudeln, sie verkochen recht schnell.

1 Die Nudeln nach Packungsanweisung in einer Schüssel mit kochendem Wasser überbrühen und quellen lassen, bis sie weich sind. In ein Sieb abgießen, abtropfen lassen und beiseitestellen.

2 Die Zwiebel in Ringe schneiden. Vom Zitronengras die äußeren Blätter entfernen, das holzige Ende abschneiden und den Rest fein hacken. Die Chilischote entkernen und ebenfalls fein hacken. Die Pilze putzen und in Scheiben schneiden. In einem Wok das Öl erhitzen und die Zwiebel darin 2–3 Minuten pfannenrühren. Zitronengras, Chilis, Ingwer, Pilze, Paprika und Zuckererbsen zugeben und 2 Minuten pfannenrühren.

3 Den Kohl dazugeben und weitere 2 Minuten pfannenrühren, dann die Nudeln hinzufügen. Mit Sojasauce und Chilisauce beträufeln. Die Nudeln auf dem Herd 2–3 Minuten gründlich schwenken, bis sie ganz heiß sind, dann sofort servieren.

ZUTATEN

175 g dünne Reisnudeln
1 Zwiebel
1 Stängel Zitronengras
1 rote Chilischote
225 g Shiitakepilze
3 EL Sonnenblumenöl
1 TL fein geriebene Ingwerwurzel
1 orangefarbene Paprikaschote, entkernt und in Streifen geschnitten
120 g Zuckererbsen, geputzt
3 Köpfe Pak Choi, in Streifen geschnitten
3 EL helle Sojasauce
1 TL süße Chilisauce

Gebratene Soba-Nudeln mit Pilzen und Pak Choi

FÜR **4 PERSONEN** VORBEREITUNG **10 MIN.** GARZEIT **8 MIN.**

Dieses Gericht verwendet japanische Zuchtpilze. Sie sind in vielen Supermärkten erhältlich, können aber auch durch braune Champignons ersetzt werden.

ZUTATEN

250 g Soba-Nudeln (japanische Buchweizennudeln)
6 EL Tamari-Sojasauce oder helle Sojasauce
1 EL frisch gepresster Zitronensaft
2 TL frisch geriebene Ingwerwurzel
2 Knoblauchzehen, zerdrückt
1 TL gehacktes Zitronengras oder Zitronengraspüree
1 EL Zucker
¼–½ TL Wasabi-Paste
225 g frisch gepalte oder tiefgekühlte Sojabohnen
3 EL Sonnenblumenöl
1 Bund Frühlingszwiebeln, geputzt und in Ringe geschnitten
2 Selleriestangen, in dünne Stifte geschnitten
100 g Shiitakepilze, in Scheiben geschnitten
100 g Austernpilze, in Scheiben geschnitten
100 g Enokipilze, Stielenden abgeschnitten und getrennt
2 Köpfe Pak Choi (ca. 200 g), grob geschnitten
2 EL Sesamsamen zum Garnieren

1 Die Nudeln nach Packungsanweisung kochen, in ein Sieb abgießen, abtropfen lassen und beiseitestellen.

2 Sojasauce, Zitronensaft, Ingwer, Knoblauch, Zitronengras, Zucker und Wasabi-Paste in einer kleinen Schüssel mit 2 EL Wasser glatt rühren und die Sauce zur Seite stellen. Die Sojabohnen in kochendem Wasser 3 Minuten garen, abgießen und ebenfalls beiseitestellen.

3 Das Öl in einer großen Pfanne oder im Wok erhitzen. Frühlingszwiebeln und Sellerie hineingeben und 2 Minuten pfannenrühren. Die Pilze zugeben und 3 Minuten pfannenrühren. Kohl und Sojabohnen hinzufügen und 1 Minute pfannenrühren.

4 Die Nudeln und die Sauce dazugeben. Alles gründlich durchschwenken, bis die Nudeln heiß sind. Auf Schalen verteilen und mit Sesamsamen bestreut servieren.

Vier Variationen mit
Spargel

Spargelpfannkuchen ▶

ZUBEREITUNG 20 Min. **ERGIBT** 8 Stück

125g **Mehl** und 1 Prise **Salz** in einer Schüssel vermischen und in die Mitte eine Mulde drücken. 1 **Ei** hineinschlagen und unter langsamem Zugießen von 300ml **Milch** zu einem Teig verrühren. 30 Minuten kalt stellen. 8–12 **Spargelstangen** dritteln und in Salzwasser 4 Minuten kochen. In kaltem Wasser abschrecken, dann mit gehacktem **Dill**, 250g zerkrümeltem **Feta** und frisch gemahlenem **schwarzem Pfeffer** vermengen. Eine Pfanne erhitzen und mit ein wenig **Olivenöl** ausschwenken. Den Teig durchrühren, 2 EL in die Pfanne geben und verteilen. 2 Minuten anbraten, dann wenden und nochmals 1 Minute braten. Auf einen Teller gleiten lassen, mit Füllung belegen und aufrollen.

◀ Spargel mit Senfsauce

ZUBEREITUNG 20 Min. **FÜR** 4 Pers.

Eine große Pfanne 1,5cm hoch mit Wasser füllen. Das Wasser bei starker Hitze zum Kochen bringen und 700g **Spargelstangen** hineingeben. Die Temperatur auf niedrige Hitze reduzieren, den Deckel auflegen und die Stangen 3–4 Minuten kochen. Den Spargel abgießen, abschrecken, trocken tupfen und kalt stellen. In einer Schüssel 4 EL **Olivenöl**, 1 EL **Weißweinessig** und 1 EL **Dijon-Senf** verrühren. 2 EL **griechischen Joghurt** (10% Fett i.Tr.) einrühren und mit **Salz** und frisch gemahlenem **schwarzem Pfeffer** würzen. Die Sauce über den Spargel träufeln und mit fein gehackten **roten Zwiebeln** garniert servieren.

Grüner und violetter Spargel haben ein nussiges Aroma, während der zum Bleichen in der Erde gezogene weiße Spargel milder ist. Wählen Sie Stangen mit festen Spitzen. Die Enden abschneiden und dicke Stangen schälen.

Gegrillter Spargel mit Gorgonzola ►

3

ZUBEREITUNG 30 Min. **FÜR** 4 Pers.

Den Grill oder die Grillpfanne erhitzen. 16 **Spargelstangen** putzen und in kochendem **Salz**wasser 2–3 Minuten blanchieren. Abtropfen lassen und auf dem Grill oder in der Pfanne bei mittlerer Hitze etwa 5 Minuten grillen. Währenddessen die Stangen mit **nativem Olivenöl extra** bestreichen und mehrfach wenden. 150 g klein geschnittenen oder zerkrümelten **Gorgonzola** über dem Spargel verteilen. Frisch gemahlenen **schwarzen Pfeffer** und ein wenig **Olivenöl** über den Spargel geben und sofort servieren.

◄ Spargel-Frittata auf Crostini

4

ZUBEREITUNG 40 Min. **FÜR** 4 Pers.

Den Backofen auf 200 °C Umluft vorheizen. 4 Scheiben **Sauerteigbrot** mit **Olivenöl** bestreichen, mit **Salz** und frisch gemahlenem **schwarzem Pfeffer** würzen und im Ofen 15 Minuten rösten. Mit 1 **Knoblauchzehe** abreiben. 8 **Spargelstangen** 3 Minuten in kochendem Salzwasser blanchieren. Abschrecken, abtropfen lassen und längs halbieren. 2 EL **Olivenöl** erhitzen und darin 2 EL gehackte **Zwiebeln** 5 Minuten anbraten. Den Spargel zugeben und 2 Minuten braten. 4 **Eier**, 120 g **Crème double** und 60 g geriebenen **Parmesan** verrühren. Würzen und über den Spargel geben. Braten, bis die Eier fast gestockt sind, dann unter dem Ofengrill bräunen. In 4 Stücke schneiden und mit **glatter Petersilie** auf den Crostini verteilen.

Gebratenes Blattgemüse und Erbsen mit Hoisin-Sauce und gerösteten Sesamsamen

FÜR **4 PERSONEN** VORBEREITUNG **15 MIN.** GARZEIT **13 MIN.**

Die Kombination aus frischem Grün und geröstetem Sesam ist sehr schmackhaft. Wer es scharf mag, gibt einfach einen Teelöffel zerstoßene Chilischoten zu.

ZUTATEN

2 × 300 g frische Udon-Nudeln oder 1 Packung getrocknete Udon-Nudeln (250 g)
4 EL Sesamsamen
2 EL Sonnenblumenöl
2 Zwiebeln, halbiert und in Streifen geschnitten
½ kleiner Chinakohl, in feine Streifen geschnitten
200 g Rosenkohl, in Scheiben geschnitten
2 Köpfe Pak Choi, in feine Streifen geschnitten
120 g Shiitakepilze, in Scheiben geschnitten
120 g tiefgekühlte Erbsen, aufgetaut
1 große Handvoll geröstete ungesalzene Erdnuss- oder Cashewkerne
2 EL Sojasauce
2 EL Hoisin-Sauce
100 ml Gemüsebrühe
2 EL Sesamöl zum Beträufeln

1 Wenn getrocknete Nudeln verwendet werden, die Nudeln nach Packungsanweisung kochen, in ein Sieb abgießen, abtropfen lassen und zur Seite stellen. Frische Nudeln kurz in Salzwasser erwärmen. Die Sesamsamen in einer großen Pfanne oder im Wok ohne Fett rösten. In eine Schale geben und beiseitestellen.

2 Das Sonnenblumenöl in einer Pfanne oder im Wok erhitzen, die Zwiebeln dazugeben und 3 Minuten pfannenrühren, dabei leicht bräunen. Blattgemüse, Pilze und Erbsen zugeben und 2 Minuten pfannenrühren, bis die Blätter anfangen zusammenzufallen, aber noch Biss haben.

3 Nüsse, Saucen sowie Brühe zugeben und 2 Minuten köcheln lassen. Die Nudeln und die Hälfte der Sesamsamen hinzufügen und alles gründlich durchschwenken.

4 Den Pfanneninhalt auf Schalen verteilen, mit Sesamöl beträufeln und mit den restlichen Sesamsamen garniert heiß servieren.

Champignon-Orzotto

FÜR **4 PERSONEN** VORBEREITUNG **10 MIN. PLUS 30 MIN. EINWEICHZEIT** GARZEIT **45 MIN.**

Aus Graupen lässt sich ein tolles, risottoartiges Gericht kochen, das eine cremige Konsistenz mit Biss hat, selbst wenn man die Flüssigkeit auf einmal dazugibt.

1 Die getrockneten Pilze mit kochendem Wasser überbrühen und 30 Minuten quellen lassen. Abgießen, leicht ausdrücken, hacken und zur Seite stellen.

2 In einem Topf die Butter zerlassen und Zwiebel mit dem Knoblauch darin unter Rühren 2 Minuten glasig schwitzen. Frische Pilze und Wein dazugeben und 2 Minuten köcheln. Perlgraupen und Thymian einrühren, die Brühe angießen und mit Salz und Pfeffer würzen. Aufkochen und unter zweimaligem Umrühren etwa 40 Minuten köcheln lassen, bis die Graupen gar sind, aber noch Biss haben, und die Flüssigkeit aufgenommen ist.

3 Die gequollenen Pilze und die Sahne einrühren und alles erwärmen, aber nicht mehr kochen. Mit Thymianblättern garnieren und mit dem Parmesan bestreut servieren.

ZUTATEN

1 EL getrocknete Champignons
1 EL Butter
1 Zwiebel, gehackt
1 Knoblauchzehe, zerdrückt
250 g braune Champignons, in Scheiben geschnitten
150 ml trockener Weißwein
200 g Perlgraupen
2 TL gehackter frischer Thymian, plus ein paar Blätter zum Garnieren
750 ml Gemüsebrühe
Salz und frisch gemahlener schwarzer Pfeffer
2–3 EL Sahne
frisch geriebener Parmesan zum Servieren

Asiatische Gemüsesuppe mit Ramen-Nudeln

FÜR **4 PERSONEN** VORBEREITUNG **10 MIN. PLUS 30 MIN. EINWEICHZEIT** GARZEIT **10 MIN.**

Miso-Paste sorgt hier für mehr Geschmack, kann aber auch durch etwas mehr Sojasauce ersetzt werden. Falls erhältlich, Dashi-Pulver für die Brühe verwenden.

ZUTATEN

2 × 10 cm Wakame (Algenblätter)
2 gehäufte EL getrocknete Shiitakepilze
250 g Ramen-Nudeln (oder braune Reisnudeln)
1 l Gemüsebrühe
2 EL Tamari-Sojasauce oder helle Sojasauce
2 TL brauner Zucker
3 EL Mirin (oder trockener Sherry)
4 Frühlingszwiebeln, gehackt
1 rote Paprikaschote, entkernt und in feine Streifen geschnitten
2 Köpfe Pak Choi, in breite Streifen geschnitten
1 Zucchini, in schmale Streifen geschnitten
4 Radieschen, in dünne Scheiben geschnitten
225 g Bambussprossen aus der Dose, abgetropft
1 TL zerstoßene getrocknete Chilischote (nach Wunsch)
1 EL rote Miso-Paste
250 g fester Tofu, in 8 Scheiben geschnitten
Süße Chilisauce zum Beträufeln

1 Wakame und Pilze 30 Minuten in 300 ml warmem Wasser quellen lassen. Die Wakame-Blätter herausheben und, falls nötig, in breite Streifen schneiden. Große Wakame-Blätter nach dem Schneiden nochmals einweichen.

2 Die Nudeln nach Packungsanweisung kochen, dann abgießen und abtropfen lassen. Bis auf die Miso-Paste, den Tofu und die Chilisauce alle restlichen Zutaten mit der Brühe (1 Schöpflöffel zurückbehalten) in einen großen Topf geben. Wakame, Pilze und Einweichwasser ebenfalls hinzufügen. Aufkochen, die Temperatur reduzieren und alles 3 Minuten köcheln lassen.

3 Die Miso-Paste mit einer Schöpfkelle Brühe glatt rühren. Die Mischung in den Topf geben und sanft einrühren. Abschmecken und, falls nötig, mit Sojasauce nachwürzen. Die Suppe sollte sehr heiß sein, aber nicht kochen.

4 Die Nudeln auf 4 Suppenschalen verteilen, jeweils 2 Stücke Tofu dazugeben und mit der heißen Suppe übergießen. Mit der Chilisauce beträufeln und sofort servieren.

Kichererbsen-Schmorgemüse-Pilaw

FÜR **4 PERSONEN** VORBEREITUNG **10 MIN.** GARZEIT **25 MIN. PLUS 10 MIN. RUHEZEIT**

Zu diesem Gericht können Sie zusätzlich auch Minz-Raita servieren. Dazu einfach etwas getrocknete Minze in Naturjoghurt rühren und nach Geschmack würzen.

ZUTATEN

2 EL Sonnenblumenöl
1 Zwiebel, fein gehackt
2 Möhren, klein gewürfelt
2 Zucchini, klein gewürfelt
1 rote Paprikaschote, entkernt und klein gewürfelt
½ TL gemahlene Kurkuma
2 Knoblauchzehen, zerdrückt
400 g Kichererbsen (aus der Dose), abgetropft
250 g Basmatireis
500 ml heiße Gemüsebrühe
100 g frisch gepalte oder tiefgekühlte Erbsen, aufgetaut
1 Prise Salz
1 Lorbeerblatt
1 Zimtstange (5 cm)
4 Kardamomkapseln, eingeritzt

1 Den Backofen auf 200 °C Umluft vorheizen. Das Öl in einem Bräter erhitzen und Zwiebel, Möhren, Zucchini und Paprika darin bei niedriger Hitze unter Rühren 4 Minuten anbraten, bis sie weich, aber noch nicht gebräunt sind.

2 Kurkuma, Knoblauch, Kichererbsen und Reis einrühren, bis die Reiskörner mit Öl umhüllt sind. Brühe, Erbsen, Salz, Lorbeerblatt, Zimt und Kardamom dazugeben. Zum Kochen bringen, umrühren, den Deckel auflegen und alles im heißen Ofen 20 Minuten schmoren.

3 Den Bräter aus dem Ofen heben, aber nicht aufdecken. 10 Minuten ruhen lassen, dann den Deckel abheben und den Inhalt mit einer Gabel auflockern. Das Lorbeerblatt und die Gewürze – falls gewünscht – vor dem Servieren herausnehmen.

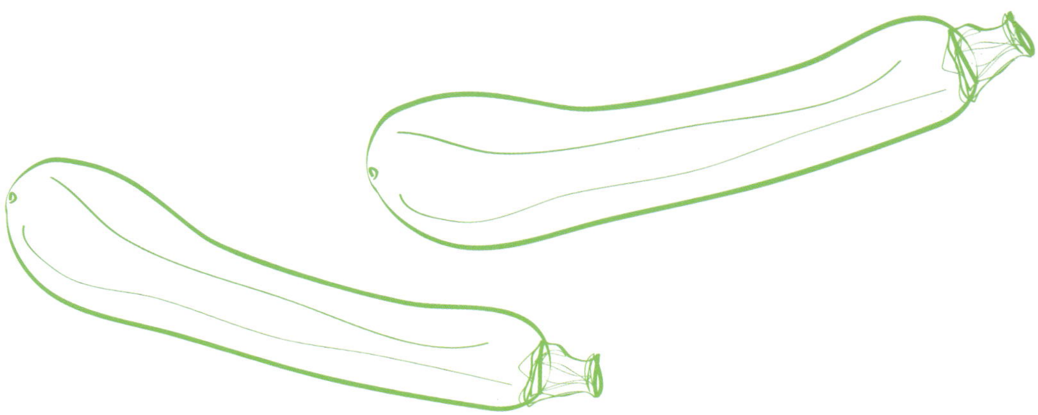

Zimt-Mandel-Rosinen-Pilaw mit gegrillten Auberginen

FÜR 4 PERSONEN **VORBEREITUNG** 10 MIN. **GARZEIT** 45 MIN. PLUS 5 MIN. RUHEZEIT

Dieser Pilaw birgt den Geschmack des Nahen Ostens. Sie können den Naturreis nach Wunsch auch durch weißen Reis ersetzen. Diesen dann aber nur 20 Minuten kochen.

1 Die Fäden der Selleriestangen mit dem Kartoffelschäler abschälen und die Stangen hacken. In einem großen Topf das Öl erhitzen und Sellerie, Lauch, Möhren und Knoblauch unter Rühren darin 3 Minuten anbraten. Reis und Gewürze dazugeben und unterrühren, bis der Reis mit Öl umhüllt ist.

2 Oregano, Brühe, Rosinen, Champignons, Mandeln, Salz und Pfeffer dazugeben. Zum Kochen bringen, umrühren, dann die Temperatur auf niedrige Hitze reduzieren. Den Deckel auflegen und alles 40 Minuten kochen, dann vom Herd nehmen und abgedeckt weitere 5 Minuten ruhen lassen.

3 Während der Reis kocht, eine Grillpfanne erhitzen. Die Auberginenscheiben mit etwas Öl bestreichen und darin portionsweise 2–3 Minuten von jeder Seite grillen, bis sie braun gestreift und weich sind. Dabei die Scheiben mit dem Pfannenwender flach drücken. Zur Seite stellen und warm halten.

4 Den Reis mit einer Gabel auflockern, abschmecken und, falls nötig, nachwürzen. Vorsichtig die Auberginen und den Feta einrühren. Den Pilaw auf vorgewärmte Teller verteilen und mit ein paar Olivenscheiben garniert servieren.

ZUTATEN

- 2 Selleriestangen
- 2 EL Sonnenblumenöl, plus etwas mehr zum Bestreichen
- 1 Lauchstange, gehackt
- 2 Möhren, gehackt
- 1 Knoblauchzehe, zerdrückt
- 225 g Basmati-Naturreis
- 1 TL gemahlener Zimt
- 1 TL frisch geriebene Ingwerwurzel
- ½ TL gemahlene Kurkuma
- 1 TL getrockneter Oregano
- 750 ml Gemüsebrühe
- 4 EL Rosinen
- 125 g braune Champignons, in Scheiben geschnitten
- 100 g ganze blanchierte Mandeln
- Salz und frisch gemahlener schwarzer Pfeffer
- 2 Auberginen, längs in 5 mm dünne Scheiben geschnitten
- 200 g Feta, gewürfelt
- einige schwarze oder grüne Olivenscheiben zum Garnieren

Cashewkern-Paella

FÜR **4 PERSONEN** VORBEREITUNG **10 MIN.** GARZEIT **25 MIN.**

Cashewkerne schmecken in dieser Paella wirklich köstlich. Aber probieren Sie sie doch auch einmal mit Maronen oder gerösteten Haselnusskernen aus.

ZUTATEN

1 große Prise Safranfäden
750 ml heiße Gemüsebrühe
2 EL Olivenöl
1 Lauchstange, gehackt
1 Zwiebel, gehackt
2 Knoblauchzehen, zerdrückt
1 rote Paprikaschote, entkernt und gehackt
1 Möhre, gehackt
250 g Paella-Reis
150 ml trockener Weißwein
125 g braune Champignons, in Scheiben geschnitten
100 g geröstete, ungesalzene Cashewkerne
Salz und frisch gemahlener schwarzer Pfeffer
100 g frisch gepalte oder tiefgekühlte Erbsen, aufgetaut
1½ EL gehackter frischer Thymian
4 Tomaten, geviertelt
½ TL geräuchertes Paprikapulver
glatte frische Petersilie und Zitronenspalten zum Garnieren

1 Den Safran in die Brühe geben. Das Öl in einer großen Pfanne erhitzen und Lauch, Zwiebel, Knoblauch, Paprika und Möhre darin unter Rühren 3 Minuten anbraten, bis sie weich, aber noch nicht gebräunt sind. Den Reis dazugeben und durchrühren, bis er mit Öl umhüllt ist.

2 Den Wein angießen, aufkochen und rühren, bis er vollständig aufgenommen ist. Brühe, Pilze und Cashewkerne einrühren und mit etwas Salz und Pfeffer würzen. Aufkochen, einmal umrühren, dann die Temperatur reduzieren und alles 10 Minuten sanft köcheln lassen.

3 Erbsen und Thymian vorsichtig einrühren, dann die Tomatenviertel darauf verteilen. Zudecken und weitere 10 Minuten sanft köcheln lassen, bis der Reis gar ist und fast alle Flüssigkeit aufgenommen hat, aber noch cremig ist.

4 Das Paprikapulver darüberstreuen und vorsichtig unterheben, ohne die Tomaten zu zerteilen. Abschmecken und, falls nötig, nachwürzen.

5 Mit Petersilie und Zitronenspalten garnieren und mit grünem Salat servieren.

Rote-Bete-Risotto

FÜR 4 PERSONEN VORBEREITUNG 30 MIN. GARZEIT 1 STD.

Der erdige Geschmack der Roten Bete, die Schärfe des Ziegenkäses und der aromatische Salbei ergänzen sich herrlich in diesem tiefvioletten, reichhaltigen Risotto.

ZUTATEN

500 g Rote Bete, geschält und gewürfelt
2 EL natives Olivenöl extra, plus etwas mehr zum Wenden
Salz und frisch gemahlener schwarzer Pfeffer
6 EL Sonnenblumenöl
20 frische Salbeiblätter
2 Zwiebeln, fein gehackt
2 Knoblauchzehen, zerdrückt
350 g Risottoreis
1 l Gemüsebrühe
60 g frisch geriebener Parmesan
200 g fester Ziegenkäse, in 1 cm große Würfel geschnitten

1 Den Backofen auf 180 °C Umluft vorheizen. Die Rote Bete in ein wenig Olivenöl wenden und mit Salz und Pfeffer würzen. In Alufolie einwickeln und im heißen Ofen 30–40 Minuten schmoren.

2 Das Sonnenblumenöl in einer kleinen Pfanne bei starker Hitze erhitzen, bis es raucht. Fast alle Salbeiblätter darin portionsweise 5 Sekunden frittieren, bis sie nicht mehr zischen. Herausheben und auf Küchenpapier abtropfen.

3 Die Rote Bete aus dem Ofen nehmen und mit dem Stabmixer oder im Standmixer mit 4 EL Wasser, dem restlichen Salbei und etwas Salz und Pfeffer glatt pürieren. Beiseitestellen.

4 In einem großen Topf das Olivenöl erhitzen und die Zwiebeln darin 3 Minuten glasig schwitzen. Den Knoblauch dazugeben und kurz weiterbraten. Den Reis hinzufügen und rühren, bis er mit Öl umhüllt ist. In der Zwischenzeit die Brühe in einem anderen Topf zum Köcheln bringen.

5 Die leicht köchelnde Brühe kellenweise in den Reis einrühren. Erst wenn alle Flüssigkeit aufgenommen ist, die nächste Kelle zugeben. Es dauert etwa 15 Minuten, bis der Reis fast weich und die Brühe verbraucht ist. Das Rote-Bete-Püree einrühren und alles weitere 5–10 Minuten kochen, bis der Reis gerade gar ist.

6 Den Risotto vom Herd nehmen und würzen. Zwei Drittel des Parmesans und den Ziegenkäse unterheben. Mit den frittierten Salbeiblättern garnieren und den Risotto mit dem restlichen Parmesan bestreut servieren.

Gemüse-Biryani

FÜR 6 PERSONEN VORBEREITUNG 15 MIN. PLUS 1 STD. EINWEICHZEIT GARZEIT 1 STD. 5 MIN.

Für dieses farbenfrohe, milde Reisgericht können Sie beliebige Gemüse verwenden. Es schmeckt sowohl warm als auch kalt serviert köstlich.

1 Den Reis unter fließendem kaltem Wasser gründlich waschen, dann in einem Topf mit Wasser bedecken und mindestens 1 Stunde einweichen. Den Reis abgießen und in reichlich kochendem Salzwasser 8 Minuten kochen. Abgießen, abtropfen lassen und beiseitestellen.

2 Das Öl in einem Topf erhitzen und die Zwiebeln unter Rühren rund 5 Minuten glasig braten und bräunen. Die Hälfte der Zwiebeln zum Garnieren beiseitestellen. Zu den übrigen Zwiebeln Ingwer und Knoblauch hinzugeben und 1 Minute mit anbraten, dann Tomaten, alle Gewürze, Lorbeerblätter, etwas Salz und den Joghurt einrühren. Alles etwa 10 Minuten kochen, bis sich das Öl absetzt.

3 Kartoffeln, Zucchini, Möhren und Erbsen mit 120 ml Wasser dazugeben und 5–8 Minuten kochen, bis die Gemüse weich sind. Den Topf vom Herd nehmen.

4 Die Hälfte vom gekochten Reis auf dem Boden eines großen Topfs verteilen. Das Gemüse daraufgeben und mit Koriandergrün bestreuen. Den restlichen Reis darüber verteilen.

5 Den Topf mit einem feuchten, sauberen Küchentuch bedecken, dann den Deckel fest auflegen. Den Topf auf eine Pfanne stellen, um die Hitze zu reduzieren, und den Inhalt bei sehr niedriger Hitze 30 Minuten garen.

6 Reis und Gemüse vorsichtig durchmischen, dann in eine große flache Schüssel umfüllen. Mit den restlichen Zwiebeln garnieren und servieren.

ZUTATEN

500 g Basmatireis
Salz
120 ml Sonnenblumenöl
4 große Zwiebeln, in Ringe geschnitten
1 TL frisch geriebene Ingwerwurzel
1 Knoblauchzehe, zerdrückt
4 Tomaten, gehäutet und fein gehackt
1 TL gemahlene, getrocknete rote Chilischote
1 TL gemahlene Kurkuma
1 TL gemahlener Koriander
2 Zimtstangen
4 schwarze Kardamomkapseln
1 TL Kreuzkümmelsamen
1 TL schwarze Pfefferkörner
1 TL Gewürznelken
4 Sternanis
2 Lorbeerblätter
250 g griechischer Joghurt (10 % Fett i.Tr.)
2 Kartoffeln, geschält und gewürfelt
2 Zucchini, gewürfelt
150 g Möhren, gewürfelt
150 g frisch gepalte oder tiefgekühlte Erbsen, aufgetaut
4 EL gehacktes frisches Koriandergrün

Aus der Pfanne

Maisküchlein mit Tomaten-Salsa

FÜR **4 PERSONEN** VORBEREITUNG **20 MIN.** GARZEIT **10 MIN.**

Wer das Glück hat, erntefrische Maiskolben zu bekommen, muss sie nicht blanchieren, denn sie sind zart genug und wunderbar süß.

ZUTATEN

2 große Maiskolben oder 250 g frische oder tiefgekühlte Maiskörner, aufgetaut
100 g Weizenmehl
2 TL Backpulver
2 große Eier
4 EL Milch
1 TL geräuchertes Paprikapulver
2 Frühlingszwiebeln, fein gehackt, grüne und weiße Teile separiert
4 EL gehacktes Koriandergrün
1 rote Chilischote, entkernt und fein gehackt (nach Wunsch)
Salz und frisch gemahlener schwarzer Pfeffer
2 EL Sonnenblumenöl
2 reife Tomaten, gehäutet und grob gehackt
2 EL natives Olivenöl extra
1 Spritzer Tabasco oder Chilisauce

1 Frische Maiskolben von Blättern und Fäden befreien und die Maiskörner abschneiden (siehe S. 233). Die Körner in kochendem Wasser 3 Minuten blanchieren. Abgießen, unter kaltem Wasser abschrecken und abtropfen lassen.

2 Mehl und Backpulver in eine Schüssel sieben. Eier und Milch in einer Rührschüssel verschlagen und nach und nach mit der Mehlmischung zu einem dickflüssigen Teig vermischen. Mais, Paprikapulver, den weißen Teil der Frühlingszwiebeln, 2 EL Koriandergrün und die Chilischote (falls verwendet) unterheben und mit Salz und Pfeffer würzen.

3 Das Sonnenblumenöl in einer großen Pfanne erhitzen und den Teig esslöffelweise hineingeben. Die Küchlein mit dem Löffelrücken leicht flach drücken und von beiden Seiten jeweils 2–3 Minuten braten, bis sie aufgegangen und goldbraun sind. Portionsweise weiter so verfahren, bis der gesamte Teig aufgebraucht ist. Bei Bedarf erneut Öl zugeben.

4 Die Tomaten mit dem restlichen Koriandergrün, den restlichen Frühlingszwiebeln, Olivenöl und Tabasco oder Chilisauce mit dem Stabmixer oder im Standmixer nur stückig pürieren und abschmecken. Die Salsa zu den heißen Küchlein servieren.

Aus der Pfanne

Blumenkohl-Pakoras mit Möhren-Raita

FÜR **4–6 PERSONEN** VORBEREITUNG **20 MIN.** GARZEIT **8 MIN.**

Die köstlichen kleinen Taschen sind eine leckere Vorspeise oder mit Salat eine leichte Mahlzeit. Für Pakoras eignen sich auch Brokkoli, Zwiebeln und Pilze.

1 Die Raita zubereiten: Die Kreuzkümmelsamen in einer Pfanne ohne Fett 30 Sekunden rösten, bis sie duften. In eine kleine Schüssel umfüllen und mit dem Joghurt verrühren. Möhre, Koriandergrün, die Hälfte der gehackten Chilischoten und den Zucker einrühren und mit Salz und Pfeffer würzen. Bis zum Servieren in den Kühlschrank stellen.

2 Die Pakoras zubereiten: Den Blumenkohl in Röschen zerteilen. Das Mehl mit Kreuzkümmel, Koriander, Natron, ½ TL Salz und 150 ml Wasser zu einem dickflüssigen Teig verrühren. Blumenkohl, Frühlingszwiebeln und die restlichen Chiliwürfel einrühren.

3 Eine tiefe Pfanne etwa 1 cm hoch mit Öl füllen und auf 180 °C erhitzen oder bis es bei Zugabe eines Teigtropfens zu brodeln beginnt und der Teig sofort an die Oberfläche steigt. Jeweils ein Drittel der Mischung teelöffelweise in das Öl geben und unter einmaligem Wenden 2–3 Minuten frittieren. Mit dem Schaumlöffel herausheben, auf Küchenpapier abtropfen lassen und warm halten. Wenn der ganze Teig aufgebraucht ist, die Pakoras heiß mit der Raita servieren.

ZUTATEN

- ½ kleiner Blumenkohl, ohne Blätter und Strunk (300 g)
- 120 g Kichererbsen- oder Vollkornmehl
- 1 TL gemahlener Kreuzkümmel
- 1 TL gemahlener Koriander
- ¼ TL Speisenatron
- 2 Frühlingszwiebeln, gehackt
- Sonnenblumenöl zum Frittieren

Für die Raita

- 1 TL Kreuzkümmelsamen
- 200 g stichfester Naturjoghurt
- 1 große Möhre, geraspelt
- 2 EL gehacktes Koriandergrün
- 2 grüne Chilischoten, entkernt und fein gehackt
- 1 großzügige Prise Zucker
- Salz und frisch gemahlener schwarzer Pfeffer

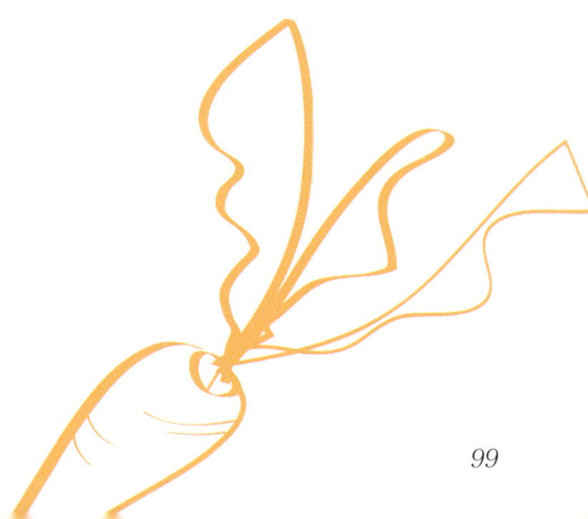

Thailändische Gemüseküchlein mit Mungbohnensprossen

FÜR 8 PERSONEN **VORBEREITUNG 15 MIN.** **GARZEIT 25 MIN.**

Wer keine Spiegeleiringe oder große Teigausstecher hat, kann das Gemüse in den Teig rühren und kellenweise ins heiße Öl geben. Als leichte Speise servieren.

ZUTATEN

½ Möhre
60 g Spargelstangen (ca. 15 cm lang)
½ kleine rote Paprikaschote, entkernt und in Streifen geschnitten
125 g Weizenmehl
1 TL Backpulver
¼ TL gemahlene Kurkuma
¾ TL Salz
1 TL frisch geriebene Ingwerwurzel
1 TL fein gehacktes Zitronengras oder Zitronengraspüree
1 Knoblauchzehe, zerdrückt
1 dünne rote Chilischote, entkernt und fein gehackt
4 Frühlingszwiebeln, gehackt
100 g Mungbohnensprossen
1 EL gehacktes frisches Koriandergrün
Sonnenblumenöl zum Frittieren
1 EL frische Schnittlauchröllchen zum Garnieren

1 Die Möhre mit dem Sparschäler, einem Julienneschneider oder auf dem Hobel in dünne Streifen schneiden. Die Spargelstangen erst längs und dann quer halbieren. Mit der Paprika zur Seite stellen.

2 Das Mehl mit Backpulver, Kurkuma, Salz, Ingwer, Zitronengras, Knoblauch und Chilischote mischen. Mit 250 ml Wasser zu einem dickflüssigen Teig verrühren. Frühlingszwiebeln, Mungbohnensprossen und Koriandergrün einrühren.

3 Vier Spiegeleierringe in eine tiefe Pfanne setzen, die Pfanne 5 mm hoch mit Öl füllen und dieses erhitzen, bis es raucht.

4 Etwa ein Achtel des Teigs (eine kleine Kelle voll) in einen der Eierringe geben, schnell ein paar der gemischten Gemüsestreifen darauflegen und sanft in den Teig drücken. Die restlichen Ringe ebenso füllen, bis die Hälfte der Zutaten aufgebraucht ist. 2–3 Minuten frittieren, bis der Teig aufgegangen und unten goldbraun ist.

5 Die Ringe mit einer Zange herausheben, die Küchlein mit dem Pfannenwender umdrehen und von der anderen Seite nochmals 2 Minuten braten. Herausheben und mit der Gemüseseite nach oben auf Küchenpapier abtropfen lassen. Die Küchlein warm halten und das Frittieren wiederholen, bis alle Zutaten aufgebraucht sind.

6 Die Küchlein auf Teller verteilen und mit ein paar Schnittlauchröllchen garnieren. Mit einem Nudel-Mungbohnensprossen-Salat und einem Klecks süßer Chilisauce servieren.

Aus der Pfanne

Pilzbratlinge mit gerösteten Süßkartoffeln und Dip

ERGIBT **4 BRATLINGE** VORBEREITUNG **20 MIN. PLUS 30 MIN. KÜHLZEIT** GARZEIT **50 MIN.**

Mit würzigen, gerösteten Süßkartoffeln und Dip sind diese Bratlinge ein echtes Geschmackserlebnis. Als kleine Version sind sie bei Kindern sehr beliebt.

ZUTATEN

2 EL Olivenöl
1 Zwiebel, fein gehackt
500 g braune Champignons, im Standmixer klein gehackt
1 EL Pilz-Ketchup oder Worcestersauce
2–3 EL Sojasauce
125 g Semmelbrösel
1 Ei, leicht verschlagen
Salz und frisch gemahlener schwarzer Pfeffer

Für die gerösteten Süßkartoffeln
4 Süßkartoffeln, geschält und in dünne Stifte geschnitten
1 EL Olivenöl
1 EL Sojasauce

Für den Dip
2 Knoblauchzehen, gerieben
1 Prise Salz
3 EL Sojasauce
frisch gepresster Saft von 1 Zitrone

1 Den Backofen auf 180 °C Umluft vorheizen. 1 EL Öl in einer großen Pfanne erhitzen und die Zwiebel bei niedriger Hitze 3–4 Minuten anbraten. Die Pilze zugeben und 6 Minuten braten, bis sie beginnen, Flüssigkeit abzugeben. Die Würzsaucen nach Geschmack zugeben und 1 Minute köcheln lassen. Die Pilzmischung in einer großen Schüssel mit den Semmelbröseln zugeben und dem Ei gründlich durchheben. Ist die Mischung zu feucht, etwas mehr Semmelbrösel zugeben. Mit Salz und Pfeffer würzen.

2 Die Pilzmasse zu 4 großen Bratlingen formen. Auf ein mit Backpapier ausgelegtes Backblech legen und 30 Minuten in den Kühlschrank stellen.

3 Die Süßkartoffeln zubereiten: Die Süßkartoffelstifte mit Öl und Sojasauce mischen und in einer Fettpfanne verteilen. Im heißen Ofen 20 Minuten goldbraun und knusprig rösten.

4 In der Zwischenzeit den Dip herstellen: Dazu Knoblauch und Salz im Mörser zu einer Paste zerreiben. Die Sojasauce einrühren. Mit 2 EL Wasser glatt rühren und den Zitronensaft untermischen.

5 Die Bratlinge braten: In einer großen Pfanne 1 EL Öl auf mittlere Hitze erhitzen. Die Bratlinge – falls nötig in 2 Portionen – darin von beiden Seiten jeweils 3–5 Minuten goldbraun braten. Auf Küchenpapier abtropfen lassen. Mit den gerösteten Süßkartoffeln und dem Dip servieren.

Falafel mit Dill-Gurken-Dip

FÜR **4 PERSONEN** VORBEREITUNG **20 MIN.** GARZEIT **9 MIN.**

Falafel schmecken am besten, wenn man sie mit reichlich Salat und Dip in einem warmen, aufgeschnittenen Pita-Brot serviert.

1 Die Falafel zubereiten: Zwiebel, Kichererbsen, Knoblauch, Kreuzkümmel, Koriander, Petersilie, Salz, Pfeffer und Backpulver mit dem Stabmixer oder im Standmixer zu einer zähen Paste pürieren. Zwischendurch – falls nötig – wieder zusammenkratzen.

2 Das Eigelb zum Binden einrühren. Falls nötig, 1 Spritzer Milch zugeben, aber die Masse nicht zu flüssig werden lassen.

3 Die Mischung mit den Händen zu 12 kleinen Kugeln formen und leicht flach drücken. Erst im verschlagenen Eiweiß, dann in den Semmelbröseln wenden. Bis zur Zubereitung kalt stellen.

4 In der Zwischenzeit den Dip zubereiten: Alle Zutaten verrühren und bis zum Servieren kalt stellen.

5 In einer tiefen Pfanne das Öl erhitzen und die Falafel darin 3 Minuten goldbraun ausbacken, dabei einmal wenden. Auf Küchenpapier abtropfen lassen. Warm oder kalt mit dem Dip servieren.

ZUTATEN

1 Zwiebel, grob gehackt
400 g Kichererbsen (aus der Dose), abgetropft
1 kleine Knoblauchzehe, zerdrückt
1 TL gemahlener Kreuzkümmel
1 TL gemahlener Koriander
2 EL grob gehackte frische Petersilie
Salz und frisch gemahlener schwarzer Pfeffer
½ TL Backpulver
1 Ei, getrennt
1 Schuss Milch (falls benötigt)
80–90 g frische Semmelbrösel
Sonnenblumenöl zum Frittieren

Für den Dip

150 g griechischer Joghurt (10 % Fett i. Tr.)
1 Stück Gurke (5 cm), geschält, Kerne herausgekratzt und gerieben
1 TL weißer Balsamico-Essig
¼ TL Zucker
2 EL gehackter frischer Dill

Veggie-Burger

ERGIBT **4 BURGER** VORBEREITUNG **15 MIN. PLUS 30 MIN. KÜHLZEIT** GARZEIT **10 MIN.**

Gruyère und Emmentaler sind für dieses Gericht bestens geeignet – die Käsescheiben schmelzen perfekt und haben einen wunderbar nussigen Geschmack.

ZUTATEN

400 g Adzukibohnen (aus der Dose), abgetropft
2 Möhren, gerieben
1 kleine Zwiebel, gerieben
30 g gehackte gemischte Nusskerne
80–90 g frische Semmelbrösel
1 TL Kräuter der Provence
1 EL Pilz-Ketchup oder Worcestersauce
Salz und frisch gemahlener schwarzer Pfeffer
1 kleines Ei, verschlagen
Sonnenblumenöl zum Braten
4 Burger-Brötchen, halbiert
Tomatenketchup oder süße Chilisauce
4 Scheiben Schweizer Käse
2 Tomaten, in Scheiben geschnitten
1 kleines Romana-Salatherz, in Streifen geschnitten
Pommes frites und Krautsalat zum Servieren

1 Die Bohnen in einer Schüssel mit dem Kartoffelstampfer oder einer Gabel zerdrücken. Möhren, Zwiebel, Nusskerne, Semmelbrösel, Kräuter der Provence, Pilz-Ketchup oder Worcestersauce und etwas Salz und Pfeffer zugeben. Alles gründlich vermischen, dann so viel Ei einrühren, dass die Masse bindet.

2 Die Masse zu 4 Bratlingen formen und auf einem mit Backpapier ausgelegten Teller im Kühlschrank 30 Minuten fest werden lassen.

3 Den Boden einer beschichteten Pfanne mit Öl bedecken und erhitzen. Die Bratlinge bei mittlerer Hitze von beiden Seiten jeweils 6–7 Minuten goldbraun braten. Auf Küchenpapier abtropfen lassen.

4 Den Backofengrill vorheizen, die Burger-Brötchen darunter mit der Schnittseite nach oben kurz rösten und wieder herausnehmen. Die unteren Hälften mit etwas Ketchup oder Chilisauce bestreichen. Die Bratlinge daraufgeben und mit je einer Käsescheibe belegen. Noch einmal kurz unter den Grill geben, bis der Käse schmilzt. Herausnehmen und mit Tomatenscheiben sowie Salat belegen.

5 Die oberen Brötchenhälften gerade oder schräg auflegen und die Burger mit Pommes frites und Krautsalat servieren.

Champignonpfannkuchen mit Knoblauch und Käse

ERGIBT **8 PFANNKUCHEN** VORBEREITUNG **15 MIN. PLUS 30 MIN. RUHEZEIT** GARZEIT **15 MIN.**

Diese Pfannkuchen sind mittags wie abends eine leckere, leichte Mahlzeit. Für ein wenig mehr Farbe einfach ein paar Pilze durch Kirschtomaten ersetzen.

ZUTATEN

125 g Weizenmehl (Type 405)
1 Prise Salz
1 Ei
30 ml Milch
Olivenöl zum Braten
grüner Salat zum Servieren

Für die Füllung

2 EL Olivenöl
2 große Knoblauchzehen, zerdrückt
450 g kleine braune Champignons, in Scheiben geschnitten
200 g Frischkäse
2–3 EL Milch
2 EL gehackte frische Petersilie
Salz und frisch gemahlener schwarzer Pfeffer

1 Den Pfannkuchenteig vorbereiten: Mehl und Salz in eine Schüssel sieben. Das Ei zugeben und nach und nach mit der Milch zu einem glatten Teig verrühren. 30 Minuten ruhen lassen.

2 In der Zwischenzeit die Füllung zubereiten: Das Öl in einer Pfanne erhitzen, Knoblauch und Pilze zugeben und unter Rühren 2 Minuten braten. Zudecken, die Temperatur reduzieren und 5 Minuten sanft schmoren. Den Deckel abheben und den Pfanneninhalt 1 Minute kräftig kochen, bis nur etwa 1 EL Flüssigkeit übrig ist.

3 Den Käse einrühren, bis er schmilzt, dann mit Milch verdünnen, bis die Pilze von Sauce umhüllt sind. Die Petersilie einrühren und mit Salz und Pfeffer würzen. Zur Seite stellen, bis die Pfannkuchen fertig sind.

4 Die Pfannkuchen zubereiten: Eine beschichtete Pfanne mit etwas Öl einpinseln und erhitzen. 1 kleine Kelle Teig in die Pfanne geben und schwenken, bis der Teig den Boden gleichmäßig bedeckt. Den Pfannkuchen 1–2 Minuten braten, bis er unten goldbraun ist und oben fest wird. Wenden und nochmals kurz bräunen. Den Pfannkuchen auf einen Teller gleiten lassen und warm stellen. Bei Bedarf in die Pfanne wieder mit Öl auspinseln und den Vorgang wiederholen, bis der Teig aufgebraucht ist.

5 Die Füllung unter sanftem Rühren wieder erhitzen. Ein Achtel der Füllung auf jeweils ein Viertel jedes Pfannkuchens geben und die Pfannkuchen zweimal in der Mitte falten. Sofort servieren. Dazu passt ein grüner Salat.

Erbsenpfannkuchen mit gegrilltem Spargel und Ei

FÜR **4 PERSONEN** VORBEREITUNG **10 MIN.** GARZEIT **30 MIN.**

Durch den schönen Kontrast zwischen dem Grün des Gemüses und dem Goldgelb der pochierten Eier ist dieses köstliche Gericht eine wahre Augenweide.

1 Die Erbsen in einem Topf mit kochendem Wasser 1–2 Minuten blanchieren. Abgießen, mit kaltem Wasser abschrecken und abkühlen lassen.

2 Erbsen und Minze mit dem Stabmixer oder im Standmixer grob zerkleinern. Mit zerlassener Butter, Mehl, Crème double, Parmesan, 2 Eiern, Salz und Pfeffer zu einem zähflüssigen Teig verrühren.

3 Etwas Butter oder Öl in einer großen Pfanne erhitzen. 1 kleine Kelle Pfannkuchenteig hineingeben und mit dem Kellenrücken verstreichen. Bei mittlerer Hitze anbraten, bis der Rand des Pfannkuchens seine Farbe verändert. Den Pfannkuchen vorsichtig wenden und weitere 2 Minuten braten.

4 In der Zwischenzeit einen großen Topf mit Wasser zum Kochen bringen. Die restlichen Eier nacheinander in eine kleine Schüssel aufschlagen, einzeln nacheinander in das kochende Wasser gleiten lassen und darin 3–5 Minuten pochieren. Mit einem Schaumlöffel herausheben und abtropfen lassen.

5 Während die Eier pochieren, die Spargelstangen in einer heißen Grillpfanne mit Öl 4–6 Minuten grillen, bis sie weich sind. Mit Salz und Pfeffer würzen.

ZUTATEN

400 g frisch gepalte oder tiefgekühlte Erbsen, aufgetaut
1 große Handvoll frische Minzeblätter, gehackt
50 g zerlassene Butter, plus etwas mehr zum Braten
4 EL Mehl
4 EL Crème double
2 EL frisch geriebener Parmesan
6 große Eier
Salz und frisch gemahlener schwarzer Pfeffer
1 großes Bund grüner Spargel, holzige Enden abgeschnitten
1 TL natives Olivenöl extra

Vier Variationen mit Kartoffeln

Gratin dauphinois ▶

ZUBEREITUNG 2 Std. **FÜR** 4 Pers.

Den Backofen auf 160 °C Umluft vorheizen. 900 g festkochende **Kartoffeln** schälen, in 3 mm dünne Scheiben schneiden und mit 300 g **Crème double** und 300 ml **Milch** in einen großen Topf geben. Mit **Salz** und frisch gemahlenem **schwarzem Pfeffer** würzen. Aufkochen, abdecken und 10–15 Minuten köcheln lassen, bis die Kartoffeln weich werden. Mit dem Schaumlöffel herausheben und in einer flachen Auflaufform (2,3 l) verteilen. Mit geriebenem **Knoblauch** bestreuen und würzen. Die Crème-Milch-Mischung durch ein Sieb passieren und über die Kartoffeln geben. Mit Alufolie abdecken und im heißen Ofen 1 Stunde garen. Die Folie abnehmen und weitere 30 Minuten goldbraun backen.

◀ Eier-Fenchel-Kartoffel-Salat

ZUBEREITUNG 25 Min. **FÜR** 4 Pers.

4 **Eier** 8 Minuten hart kochen – oder kürzer für weiche Eier. 250 g **neue Kartoffeln** in einem großen Topf mit kochendem **Salz**wasser 15–20 Minuten gar kochen. Gut abtropfen lassen und auf einen großen Servierteller geben. Die noch heißen Kartoffeln mit **Olivenöl** beträufeln und mit Salz und frisch gemahlenem **schwarzem Pfeffer** würzen. 1 Handvoll fein gehackte glatte **Petersilie** und 1 geputzte und fein gehackte **Fenchelknolle** unterheben. Die hart gekochten Eier pellen, vierteln und zum Kartoffelsalat geben. Sofort servieren.

Mehligkochende Kartoffeln eignen sich für Pürees, Pommes frites, zum Backen und Rösten, festkochende für Gratins, Salate, zum Kochen und Dünsten. Die vorwiegend festkochenden Sorten sind Allzweckkartoffeln.

Cajun-Kartoffelspalten ▶

ZUBEREITUNG 45 Min.–1 Std. **FÜR** 6 Pers.

Den Backofen auf 180 °C Umluft vorheizen. 4 mehligkochende **Kartoffeln** mit Schale in Spalten schneiden. In kochendem **Salz**wasser 3 Minuten blanchieren, dann abtropfen lassen. 1 **Zitrone** in 6 Spalten schneiden und mit Kartoffeln, 12 **Knoblauchzehen**, 3 geachtelten **roten Zwiebeln** und 4 **Lorbeerblättern** in eine Auflaufform geben. 3 EL **Zitronensaft**, 1 EL **Tomatenmark**, Salz und frisch gemahlenen schwarzen **Pfeffer**, je ½ TL **Cayennepfeffer** und gemahlenen **Kreuzkümmel**, je 1 TL **Paprikapulver**, getrockneten **Oregano** und **Thymian** und je 6 EL **Olivenöl** und **Wasser** verrühren. Die Kartoffeln darin schwenken. Unter häufigem Wenden 30–40 Minuten im heißen Ofen rösten. Heiß servieren.

◀ Kartoffelküchlein

ZUBEREITUNG 35 Min. **FÜR** 4 Pers.

450 g geschälte, mehligkochende **Kartoffeln** in einem Topf mit kochendem **Salz**wasser 15–20 Minuten gar kochen. Abgießen und pürieren. 1 geschälte und geriebene **Zwiebel**, 1 Handvoll fein gehackten frischen **Schnittlauch**, 125 g zerkrümelten **Feta** und 1 leicht verschlagenes **Ei** unter das Püree heben. Mit Salz und frisch gemahlenem schwarzem **Pfeffer** würzen. 1 EL **Olivenöl** in einer beschichteten Pfanne bei mittlerer Hitze erhitzen. Das Püree mit bemehlten Händen zu Kugeln formen und leicht flach drücken. Im heißen **Öl** von jeder Seite 2–3 Minuten goldbraun braten. Bei Bedarf die Pfanne nachfetten. Die Küchlein heiß servieren.

Amerikanische Pastinaken-Walnuss-Pancakes mit Ahornbutter

ERGIBT **8 PFANNKUCHEN** VORBEREITUNG **20 MIN.** GARZEIT **30 MIN.**

Pancakes sind ideal zum Frühstück oder Brunch. Damit es schneller geht, können Sie die Pastinake am Vorabend vorkochen und pürieren.

ZUTATEN

Salz
1 große Pastinake (etwa 225 g), in kleine Stücke geschnitten
125 g Weizenmehl (Type 405)
2 TL Backpulver
2 EL Zucker
1 Ei
250 ml Milch
60 g Walnusskerne, fein gehackt
Sonnenblumenöl zum Braten

Für die Ahornbutter
3 EL Butter
3 EL Ahornsirup

1 Leicht gesalzenes Wasser zum Kochen bringen und die Pastinake darin 10 Minuten gar kochen. In ein Sieb abgießen und wieder in den Topf zurückgeben. Mit dem Stabmixer pürieren oder mit dem Holzlöffel zerdrücken und glatt rühren. Leicht abkühlen lassen.

2 Mehl, Backpulver, Zucker und 1 großzügige Prise Salz in einer Schüssel vermischen. Nach und nach Ei und Milch hinzugeben und zu einem glatten Teig verrühren. Die gehackten Walnusskerne und das Pastinakenpüree unterheben.

3 Für die Ahornbutter die Butter in einem kleinen Topf unter ständigem Rühren im Sirup zerlassen und gründlich vermengen. Zur Seite stellen.

4 Ein wenig Öl in einer kleinen beschichteten Pfanne stark erhitzen. Überschüssiges Öl abgießen. 3–4 EL Teig in der Pfanne zu einem etwa 12 cm großen Pfannkuchen verstreichen. Die Temperatur auf mittlere Hitze reduzieren und den Pancake 1½–2 Minuten braten, bis sich auf der Oberseite Blasen bilden und die Unterseite goldbraun ist. Wenden und die andere Seite bräunen. Auf einen Teller gleiten lassen und warm halten, bis der ganze Teig aufgebraucht ist. Bei Bedarf die Pfanne nachfetten.

5 Die Ahornbutter unter Rühren wieder aufwärmen. Die Pancakes heiß und mit Ahornbutter beträufelt servieren.

Buchweizen-Galettes mit Käse und karamellisierten Zwiebeln

ERGIBT **8 GALETTES** VORBEREITUNG **10 MIN. PLUS 30 MIN. RUHEZEIT** GARZEIT **35 MIN.**

Zuerst die Zwiebeln zubereiten und vor dem Servieren erneut erhitzen. Im Kühlschrank halten sie sich mehrere Tage. Verwenden Sie vorgeschnittenen Käse.

1 Zuerst die Zwiebeln zubereiten: Das Öl mit der Butter in einer Pfanne erhitzen. Die Zwiebeln zugeben und unter Rühren 2 Minuten anbraten. Die Temperatur auf niedrige Hitze reduzieren und die Zwiebeln unter Rühren 15 Minuten weich und goldbraun garen. Die Temperatur erhöhen, den Zucker zugeben und unter Rühren ein paar Minuten karamellisieren lassen. 6 EL Wasser hinzufügen, aufkochen und die Flüssigkeit unter Rühren verdunsten lassen. Die Zwiebeln vom Herd nehmen, mit Salz und Pfeffer würzen und beiseitestellen.

2 Das Mehl mit 1 großzügigen Prise Salz in einer Schüssel vermischen. In die Mitte eine Mulde drücken und das Ei sowie die Hälfte der Milch hineingeben. Zu einem glatten Teig verrühren. Die zerlassene Butter und die restliche Milch einrühren. Den Teig anschließend möglichst 30 Minuten ruhen lassen.

3 Die Zwiebeln sanft wieder erwärmen. Ein wenig Öl in einer beschichteten Pfanne erhitzen, überschüssiges Öl abgießen. 3 EL Teig in die Pfanne geben und schwenken, bis der Boden bedeckt ist. 1–2 Minuten braten, bis sich auf der Oberseite Blasen bilden, die Unterseite goldbraun ist und die Galette fast fest. Wenden und von der anderen Seite braten.

4 Auf einen Teller gleiten lassen, mit 1 Käsescheibe belegen und ein Achtel der Zwiebeln in die Mitte geben. Die Seiten der Galette über den Zwiebeln zusammenschlagen und umgedreht auf einen vorgewärmten Teller geben. Warm stellen, bis alle Galettes fertig sind. Warm servieren.

ZUTATEN

125 g Buchweizenmehl
Salz
1 Ei, verschlagen
300 ml Milch
3 EL Butter, zerlassen
Sonnenblumenöl zum Braten
8 dünne Scheiben Leerdammer oder Emmentaler

Für die Zwiebeln

1 EL Sonnenblumenöl
1 EL Butter
4 große rote Zwiebeln, halbiert und in dünne Streifen geschnitten
2 TL Zucker
Salz und frisch gemahlener schwarzer Pfeffer

Rote-Bete-Blinis mit saurer Sahne

FÜR **4–6 PERSONEN** VORBEREITUNG **20 MIN.** GARZEIT **40 MIN.**

Blinis werden normalerweise mit Hefe gemacht, aber diese sind ebenso luftig und schneller zuzubereiten. Sie sind aufgewärmt genauso köstlich wie frisch.

ZUTATEN

120 g Mehl
1 Prise Salz
2 TL feinster Zucker
2 Eier, getrennt
250 ml Milch
1 EL Kümmelsamen
3 große oder 6 kleine Rote Beten (vorgegart und vakuumiert), geraspelt
1 große Zwiebel, fein gehackt
1 EL gehacktes frisches Koriandergrün oder Estragon
200 g saure Sahne oder Crème fraîche
Sonnenblumenöl zum Braten

1 Mehl, Salz und Zucker in eine Schüssel sieben. Eigelbe und die Hälfte der Milch dazugeben und alles zu einem glatten Teig verrühren.

2 Die restliche Milch einrühren und die Kümmelsamen sowie ein Viertel der Rote-Bete-Raspel zugeben. Die Eiweiße steif schlagen und mit einem Metalllöffel unterheben.

3 Zwiebel und Koriandergrün oder Estragon vermengen und in eine kleine Servierschüssel geben. Die restliche Rote Bete in eine zweite Schüssel und die saure Sahne oder Crème fraîche in eine dritte geben. Bis zum Servieren in den Kühlschrank stellen.

4 Ein wenig Öl in einer beschichteten Pfanne erhitzen, bis es raucht. Überschüssiges Öl abgießen. 3 EL Teig zu einem rund 10 cm großen Blini verstreichen. (Je nach Pfannengröße können 2–3 Stück gleichzeitig zubereitet werden.) Bei mittlerer Hitze 1–2 Minuten braten, bis sich an der Oberseite Blasen bilden und die Unterseite goldbraun ist. Die Blinis wenden und von der anderen Seite braten. Aus der Pfanne nehmen und warm halten, bis der ganze Teig verbraucht ist.

5 Die Blinis auf Teller schichten und mit Roter Bete, Zwiebel-Koriander-Mischung und saurer Sahne servieren. Ganz kleine Blinis eignen sich hervorragend als Fingerfood.

Pfannkuchen mit Spinat-Ricotta-Pinienkern-Füllung

ERGIBT **8 PFANNKUCHEN** VORBEREITUNG **30 MIN. PLUS 30 MIN. RUHEZEIT** GARZEIT **35–40 MIN.**

Die klassische Kombination aus Spinat und Ricotta wird hier noch durch süße Tomaten und knusprige geröstete Pinienkerne verfeinert.

ZUTATEN

1 Rezeptmenge Pfannkuchenteig (siehe S. 106)
400 g Spinat
250 g Ricotta
1–2 EL gehackter frischer Rosmarin
frisch geriebene Muskatnuss
4 EL geröstete Pinienkerne
1 Spritzer Zitronensaft
4 halbgetrocknete Tomaten in Öl, abgetropft und gehackt
Salz und frisch gemahlener schwarzer Pfeffer
100 g Cheddar, gerieben

1 Den Pfannkuchenteig vorbereiten (siehe S. 106, Schritt 1) und 30 Minuten ruhen lassen. In der Zwischenzeit den Backofen auf 170 °C Umluft vorheizen. Den Spinat gründlich waschen und überschüssiges Wasser abschütteln. Die Blätter in einem großen Topf 2 Minuten dünsten, bis sie zusammenfallen. Den Spinat in einem Sieb abtropfen lassen, überschüssiges Wasser herausdrücken und die Blätter mit einer Schere klein schneiden.

2 Den Spinat in einer Schüssel mit Ricotta, Rosmarin, reichlich Muskatnuss, Pinienkernen, Zitronensaft, Tomaten und Salz und Pfeffer verrühren.

3 Die Pfannkuchen zubereiten (siehe S. 106, Schritt 4), dann die Spinatmischung auf den Pfannkuchen verteilen. Aufrollen und die Rollen nebeneinander in eine leicht geölte, flache Auflaufform legen. Mit Käse bestreuen und 30 Minuten überbacken, bis der Käse zerlaufen und leicht gebräunt ist und die Pfannkuchen an den Rändern knusprig sind.

Aus der Pfanne

Mediterranes frittiertes Gemüse mit Aioli

FÜR **4–6 PERSONEN** VORBEREITUNG **15 MIN. PLUS 15 MIN. RUHEZEIT** GARZEIT **20 MIN.**

Diese Gemüse bringen den Geschmack des Sommers. Die Paprika werden blanchiert, damit sie wirklich weich sind. Wer sie knackiger mag, blanchiert sie nicht.

1 Aubergine und Zucchini in ein Sieb geben und mit Salz bestreuen. Gründlich wenden und die Scheiben 15 Minuten Wasser ziehen lassen. Abwaschen und auf reichlich Küchenpapier trocknen lassen.

2 In der Zwischenzeit die Aioli-Zutaten verrühren, mit Salz und Pfeffer würzen und bis zum Servieren in den Kühlschrank stellen.

3 Die Paprikastücke in kochendem Wasser 1 Minute blanchieren. In ein Sieb abgießen, abtropfen und auf Küchenpapier trocknen lassen.

4 60 g Mehl mit reichlich Pfeffer vermischen und die Gemüsestücke darin wenden.

5 Das Öl in einem Topf oder in der Fritteuse erhitzen. Das restliche Mehl mit dem Backpulver sieben und mit 1 guten Prise Salz und 150 ml eiskaltem Wasser zu einem dickflüssigen Teig verrühren. Das Öl ist heiß genug, wenn ein Teigtropfen sofort an die Oberfläche steigt und das Öl dabei kräftig brodelt.

6 Die Gemüsestücke in den Teig tauchen, überschüssigen Teig abtropfen lassen und die Stücke im heißen Fett unter gelegentlichem Wenden 4 Minuten goldbraun ausbacken. Portionsweise frittieren und das Fett zwischendurch wieder erhitzen. Auf Küchenpapier abtropfen lassen und warm stellen, bis das gesamte Gemüse frittiert ist. Das Gemüse heiß mit der Aioli als Dip servieren.

ZUTATEN

1 kleine Aubergine, halbiert und in Scheiben geschnitten
1 große Zucchini, in Scheiben geschnitten
Salz und frisch gemahlener schwarzer Pfeffer
je 1 rote und gelbe Paprikaschote, halbiert, entkernt und in Stücke geschnitten
180 g Mehl
Sonnenblumenöl zum Frittieren
1 TL Backpulver

Für die Aioli

3 Knoblauchzehen, zerdrückt
150 g Mayonnaise

Vier Variationen mit Zucchini

Sultaninen-Zwiebel-Zucchini-Schiffchen mit Pinienkernen ►

ZUBEREITUNG 30 Min. **FÜR** 4 Pers.

Den Backofen auf 180 °C Umluft vorheizen. 8 **Zucchini** längs halbieren. Das Fruchtfleisch auskratzen, hacken und beiseitestellen. 1 EL **Olivenöl** bei niedriger Hitze in der Pfanne erhitzen. 1 fein gehackte **rote Zwiebel** und 1 Prise **Salz** zugeben. 5 Minuten glasig dünsten, dann Zucchini und 1 Prise **Chiliflocken** zugeben. 2 Minuten braten. Je 1 kleine Handvoll geröstete **Pinienkerne** und **Sultaninen** einrühren. Die Zucchini mit der Mischung füllen. Mit 75 g zerkrümeltem **Feta** bestreuen und im heißen Ofen 10–15 Minuten backen. Mit **Olivenöl** beträufeln und servieren.

◄ Marokkanischer Couscoussalat

ZUBEREITUNG 10 Min. **FÜR** 4 Pers.

250 g **Couscous** in einer großen Schüssel mit heißer **Gemüsebrühe** bedecken. Mit Frischhaltefolie abdecken und 5 Minuten quellen lassen, dann mit der Gabel auflockern. 2 **Zucchini** hacken. Ein wenig **Olivenöl** in einer Pfanne erhitzen und die Zucchini darin goldbraun braten. Couscous, 1 großzügige Prise **Paprikapulver**, den frisch gepressten Saft von 2 **Zitronen** und je 1 Handvoll fein gehackte **glatte Petersilie** und gehackte **Oliven** zugeben. Mit **Salz** und frisch gemahlenem **schwarzem Pfeffer** herzhaft würzen und alles sorgfältig durchmischen.

Zucchini garen schnell und lassen sich dämpfen, kochen, braten und backen. Nur Spitze und Strunkende abschneiden, dann nach Wunsch klein schneiden. Besonders delikat schmecken gefüllte, frittierte Zucchiniblüten.

Zucchini-Ziegenkäse-Omelett ▶

ZUBEREITUNG 15 Min. **FÜR** 1 Pers.

3 leicht verschlagene **Eier** und 1 kleine, fein geriebene **Zucchini** in eine Schüssel geben. Mit **Meersalz** und frisch geriebenem **schwarzem Pfeffer** würzen. 1 EL **Butter** in einer beschichteten Pfanne bei mittlerer Hitze schäumend erhitzen, die Eimischung hineingeben und schwenken. Wird der Rand fest, mit 50 g zerkrümeltem **Ziegenfrischkäse** bestreuen. Braten, bis das Ei in der Mitte fast gestockt, aber noch feucht ist. Vom Herd nehmen und 2 Minuten ruhen lassen. Mit ein wenig **Pfeffer** bestreuen, vorsichtig aus der Pfanne auf einen Teller gleiten lassen und servieren.

◀ Zucchinitaler mit Dill-Zaziki

ZUBEREITUNG 30 Min. plus 1 Std. Abtropfzeit
FÜR 4 Pers.

200 g **Zucchini** reiben, mit 1 TL **Salz** bestreuen und in einem Sieb 1 Stunde Wasser ziehen lassen. Abspülen und sorgfältig ausdrücken. 100 g **Ricotta** mit 1 **Ei** und 2 EL **Mehl** glatt rühren. 2 zerdrückte **Knoblauchzehen** und je 1 Handvoll gehacktes frisches **Basilikum** und **glatte Petersilie** zugeben. Mit Salz und frisch gemahlenem **schwarzem Pfeffer** würzen. Die Zucchini einrühren. Den Teig löffelweise in heißem **Olivenöl** von jeder Seite 2–3 Minuten braten. Auf Küchenpapier abtropfen lassen. Dazu Zaziki aus 1 zerdrückten **Knoblauchzehe**, 2 EL gehacktem **Dill**, 200 g griechischem Joghurt (10 % Fett i. Tr.), 1 Spritzer **Zitronensaft**, Salz und **Pfeffer** servieren.

Vegetarische Frühlingsrollen

ERGIBT **10 FRÜHLINGSROLLEN** VORBEREITUNG **30 MIN.** GARZEIT **15–20 MIN.**

Wer wenig Zeit hat, frittiert die Rollen vor, wärmt sie später im Ofen auf und verwendet gekaufte Chilisauce. Die Reisblätter für Frühlingsrollen gibt es im Asia-Laden.

ZUTATEN

15 g getrocknete Shiitakepilze, 30 Minuten in kochendem Wasser eingeweicht
1 kleine Möhre, in feine Stifte geschnitten
3 Frühlingszwiebeln, in feine Streifen geschnitten
80 g Weißkohl, gehobelt
2 Knoblauchzehen, zerdrückt
1 Stück frische Ingwerwurzel (2 cm), gerieben
2 EL Sojasauce
1 EL chinesischer Reiswein
½ TL Fünf-Gewürze-Pulver
1 EL Sonnenblumenöl, plus Öl zum Frittieren
60 g Mungbohnensprossen
20 Blätter Reispapier für Frühlingsrollen

Für die Chilisauce

60 g Zucker
90 ml Reisweinessig
2 Knoblauchzehen, gehackt
2 rote Chilischoten, entkernt und fein gehackt

1 Die Pilze in ein Sieb abgießen, ausdrücken, fein hacken und mit Möhre, Frühlingszwiebeln, Kohl, Knoblauch und Ingwer vermischen. In einem kleinen Messbecher die Sojasauce mit dem Wein und dem Fünf-Gewürze-Pulver vermischen. Das Öl in einer Pfanne oder im Wok erhitzen und das Gemüse mit den Sprossen darin 1 Minute pfannenrühren. Die Sojasaucenmischung dazugeben und 30 Sekunden köcheln. Vom Herd nehmen und zur Seite stellen.

2 Die Chilisauce zubereiten: Alle Zutaten mit 4 EL Wasser in einem mittelgroßen Topf zum Kochen bringen und 5 Minuten köcheln, bis die Sauce leicht andickt. Abkühlen lassen.

3 Ein Reispapierblatt 10–15 Sekunden in Wasser tauchen, bis es weich ist. Auf ein feuchtes Spültuch legen und abtupfen, bis es leicht klebt. 1 gehäuften TL Füllung in die Mitte geben. Die untere Hälfte des Blattes über die Füllung falten, dann die Seiten zur Mitte hin übereinanderlegen und den Teig eng zu einer Rolle aufrollen. Ein zweites Teigblatt einweichen, die Rolle darin einschlagen und beiseitelegen. Fortfahren, bis die ganze Füllung aufgebraucht ist.

4 Etwas Öl in der Fritteuse oder in einer tiefen Pfanne auf 180 °C erhitzen. Je 2 Frühlingsrollen 3–4 Minuten im heißen Öl goldbraun und knusprig frittieren, dabei hin und wieder wenden. Mit dem Schaumlöffel herausheben und auf Küchenpapier abtropfen lassen. Die Rollen warm halten, bis alle frittiert sind. Heiß und mit der Chilisauce als Dip servieren.

Aus der Pfanne

Frittierte Wurzelgemüse mit Dip

FÜR 4–6 PERSONEN VORBEREITUNG 25 MIN. GARZEIT 12–18 MIN.

Kräftige Wurzelgemüse und Lauch werden in japanischen Tempurateig gehüllt und mit einer süß-sauer-scharfen Dipsauce serviert.

1 Alle Zutaten für die Dipsauce in einem kleinen Topf unter Rühren sanft erhitzen, bis sich der Honig aufgelöst hat, dann zum Kochen bringen. In eine kleine Schüssel umfüllen und abkühlen lassen.

2 Alle vorbereiteten Gemüse in kochendem Wasser 2 Minuten blanchieren. In ein Sieb abgießen und auf Küchenpapier abtropfen lassen. In einer großen Schüssel mit der Speisestärke bestreuen und alles gut durchmischen.

3 Für den Teig Weizenmehl, Speisestärke und Backpulver in eine Schüssel sieben und mit den übrigen Teigzutaten glatt rühren (der Teig sollte recht dünnflüssig sein). Das Frittierfett erhitzen, bis ein Würfel altbackenes Brot darin innerhalb von 30 Sekunden braun wird.

4 Etwa ein Sechstel der Gemüsestücke in den Teig geben. Überschüssigen Teig von jedem Stück abtropfen lassen – der Teigüberzug sollte sehr dünn sein. Die Stücke im heißen Öl unter Wenden 2–3 Minuten frittieren, bis das Gemüse weich, knusprig und goldbraun ist. Mit einem Schaumlöffel herausheben und auf einem mit Küchenpapier ausgelegten Backblech abtropfen lassen. Warm halten, bis alles Gemüse frittiert ist. Teigreste zwischendurch aus dem Öl schöpfen. Wurzelgemüse-Tempura mit der Dipsauce heiß servieren.

ZUTATEN

- 1 Pastinake, in kurze, dicke Stifte geschnitten
- ½ kleine Steckrübe
- ½ kleine Sellerieknolle, in kleine Stücke geschnitten
- 1 große Möhre, in kurze, dicke Stifte geschnitten
- 1 Lauchstange, in dicke Ringe geschnitten
- 2 EL Speisestärke
- Sonnenblumenöl zum Frittieren

Für die Dipsauce

- 3 EL flüssiger Honig
- 3 EL Balsamico-Essig
- 1 TL frisch geriebene Ingwerwurzel
- 1 Knoblauchzehe, fein gehackt
- ¼–½ TL getrocknete Chiliflocken
- 3 EL Sojasauce

Für den Tempurateig

- 85 g Weizenmehl
- 85 g Speisestärke
- 1 gestrichener TL Backpulver
- 200 ml Mineralwasser (mit Kohlensäure)
- 2 TL Sonnenblumenöl
- ½ TL Salz
- ¾ TL Kreuzkümmelsamen

Süßkartoffel-Lauch-Tortilla mit Tomatensauce

FÜR 4 PERSONEN **VORBEREITUNG 15 MIN.** **GARZEIT 25 MIN.**

Die Tortilla enthält im Gegensatz zur Frittata immer Kartoffeln. Süßkartoffel und Lauch passen gut zusammen, Sie können aber auch normale Kartoffeln verwenden.

ZUTATEN

1 Süßkartoffel (ca. 450 g, geschält, längs halbiert und quer in dünne Scheiben geschnitten
2 EL Butter
2 EL Olivenöl
2 Lauchstangen, in dünne Ringe geschnitten
2 EL gehackter frischer Thymian, plus etwas mehr zum Garnieren
6 große Eier, verschlagen

Für die Tomatensauce

1 EL Olivenöl
1 Knoblauchzehe, zerdrückt
2 Fleischtomaten, gehäutet und gehackt
1 EL Tomatenmark
1 großzügige Prise Zucker
½ TL gemahlener Zimt
Salz und frisch gemahlener schwarzer Pfeffer

1 Die Tomatensauce zubereiten: Das Öl in einem Topf erhitzen, Knoblauch und Tomaten dazugeben und unter Rühren 2 Minuten weich dünsten. Tomatenmark, Zucker, Zimt und ein wenig Salz und Pfeffer einrühren. Den Deckel auflegen und alles 5 Minuten sanft köcheln lassen. Aufdecken und unter ständigem Rühren etwa 3 Minuten kräftig kochen, bis die Sauce eingedickt ist. Vom Herd nehmen und vor dem Servieren erneut erhitzen.

2 Die Süßkartoffel in einem Topf mit kochendem Wasser 4–5 Minuten kochen, bis sie weich sind, aber ihre Form noch halten. In ein Sieb abgießen und gründlich abtropfen lassen.

3 Butter und Olivenöl in einer großen beschichteten ofenfesten Pfanne erhitzen. Den Lauch darin bei mittlerer Hitze 2 Minuten anbraten. Süßkartoffel, Thymian, Salz und Pfeffer dazugeben. Vorsichtig schwenken, bis alles gut vermischt ist. Eier hinzufügen und 4–5 Minuten braten. Anfangs noch rühren, bis sie sich setzen.

4 In der Zwischenzeit den Backofengrill vorheizen. Die Tortilla in der Pfanne unter den Grill geben, bis die Oberseite gebräunt ist. Auf einen Teller gleiten lassen und mit ein paar Thymianblättern garnieren. In Stücke geschnitten mit der Tomatensauce servieren.

Aus der Pfanne

Spanische Tortilla

FÜR **4 PERSONEN** VORBEREITUNG **10 MIN.** GARZEIT **45 MIN.**

Mit einem knackigen Salat ist die Tortilla eine tolle leichte Mahlzeit – und in Würfel geschnitten – kann sie mit Wein als Tapa gereicht werden.

ZUTATEN

300 ml Olivenöl, plus 1 EL zum Braten
5 Kartoffeln, geschält, und in 5 mm dünne Scheiben geschnitten
3 Zwiebeln, geviertelt und in Streifen geschnitten
Meersalz
frisch gemahlener schwarzer Pfeffer
5 Eier, verschlagen

1 Das Öl in einer tiefen, ofenfesten Pfanne (am besten beschichtet) erhitzen und die Kartoffeln darin 15 Minuten braten, bis sie gar sind. Mit einem Schaumlöffel herausheben und zum Abkühlen in eine große Schüssel umfüllen.

2 Einen Großteil des Öls ausgießen, dann die Zwiebeln mit 1 Prise Salz in der Pfanne bei niedriger Hitze anschwitzen, bis sie zu bräunen beginnen. Zu den Kartoffeln geben und ebenfalls abkühlen lassen.

3 Die Eier unter die erkaltete Kartoffelmischung heben und alles mit Salz und Pfeffer würzen.

4 In der Pfanne 1 EL Öl erhitzen, dann die Tortillamischung gleichmäßig auf dem Pfannenboden verteilen. Die Temperatur auf mittlere bis niedriger Hitze reduzieren und alles 6–10 Minuten braten, bis die Eier fast gestockt sind. Auf einen Teller stürzen, wieder in die Pfanne gleiten lassen und von der anderen Seite braten. Alternativ die Tortilla ein paar Minuten unter dem vorgeheizten Backofengrill bräunen. Aus der Pfanne nehmen und ein wenig abkühlen lassen. Die Tortilla in Stücke schneiden und noch warm oder ganz ausgekühlt servieren.

Piperade

FÜR 4 PERSONEN **VORBEREITUNG 5 MIN.** **GARZEIT 20 MIN.**

Piperade ist ein baskisches Bauernomelett mit Tomaten und Paprika aus dem Südwesten Frankreichs. Dort wird es als Hauptgericht oder Beilage gereicht.

1 Das Öl in einer großen Pfanne erhitzen und die Zwiebel darin bei niedriger Hitze glasig dünsten. Knoblauch und Paprika dazugeben und unter gelegentlichem Rühren weitere 5 Minuten braten.

2 Die Tomaten einrühren und 2–3 Minuten köcheln, bis die Flüssigkeit verdampft ist.

3 Die Eier in die Pfanne geben und unter Rühren braten, bis sie gerade eben gestockt sind. Die Eimischung sollte dabei nicht kochen, weil sie sonst gerinnt. Mit Salz und Pfeffer würzen, mit Petersilie bestreuen und servieren.

ZUTATEN

2 EL Olivenöl
1 große Zwiebel, in dünne Ringe geschnitten oder gehackt
2 Knoblauchzehen, zerdrückt
1 rote Paprikaschote, entkernt und fein gewürfelt
1 grüne Paprikaschote, entkernt und fein gewürfelt
4 Tomaten, gehackt
8 Eier, verschlagen
Salz und frisch gemahlener schwarzer Pfeffer
2 EL gehackte frische Petersilie zum Garnieren

Luftiges Käseomelett mit Mais und Paprika

ERGIBT **1 OMELETT** VORBEREITUNG **15 MIN.** GARZEIT **15 MIN.**

Servieren Sie jedes Omelett frisch, auch wenn Sie mehrere zubereiten – sie fallen beim Abkühlen leicht zusammen. Dazu passen grüner Salat und knuspriges Brot.

ZUTATEN

2 Eier, getrennt
1 EL Butter

Für die Füllung
1 EL Butter
1 Handvoll frische oder tiefgekühlte und aufgetaute Maiskörner
½ kleine rote Paprikaschote, entkernt und fein gehackt
2 TL Speisestärke
7 EL Milch
2 TL frische Schnittlauchröllchen, plus etwas mehr zum Garnieren
20 g Gruyère, gerieben
20 g Cheddar, gerieben
1 Prise Cayennepfeffer
Salz und frisch gemahlener schwarzer Pfeffer

1 Die Füllung zubereiten: In einem Topf die Butter zerlassen. Mais und Paprika hineingeben, umrühren, den Deckel auflegen und alles 5 Minuten garen, bis das Gemüse weich ist. Erst die Speisestärke, dann die Milch einrühren. Zum Kochen bringen und unter ständigem Rühren 2 Minuten kochen, bis die Sauce andickt. Schnittlauch, Käse und Cayennepfeffer einrühren und mit Salz und Pfeffer abschmecken.

2 Die Eigelbe mit 2 EL Wasser glatt rühren und mit Salz und Pfeffer würzen. Die Eiweiße steif schlagen und mit einem Metalllöffel unter die Eigelbe heben.

3 Den Backofengrill vorheizen. 1 EL Butter in einer ofenfesten Pfanne erhitzen, die Eimischung hineingeben und gleichmäßig verteilen. Bei mittlerer Hitze 3 Minuten braten, bis die Unterseite goldbraun ist. Die Pfanne unter den Grill geben und das Omelett hier 2–3 Minuten von oben bräunen. In der Zwischenzeit die Füllung unter Rühren wieder erhitzen.

4 Das Omelett auf einen Teller gleiten lassen. Die Füllung zügig auf einer Hälfte des Omeletts verteilen. (Es ist nicht schlimm, wenn etwas heruntertropft.) Die unbelegte Hälfte darüberfalten und das Omelett mit Schnittlauch garnieren. Sofort servieren.

Aus der Pfanne

Waldpilz-Knoblauch-Omelett

ERGIBT **4 OMELETTS** VORBEREITUNG **10 MIN.** GARZEIT **20 MIN.**

Dies ist ein köstliches Gericht für Waldpilze. Viele Wildpilze werden heute allerdings auch als Zuchtvarianten angeboten, wodurch sie das ganze Jahr erhältlich sind.

ZUTATEN

1 EL Butter, plus etwas mehr zum Braten
1 EL Olivenöl
1 Schalotte, fein gehackt
2 Knoblauchzehen, zerdrückt
350 g gemischte Waldpilze, geputzt, größere Exemplare in Stücke geschnitten
4 EL trockener Weißwein
4 EL Crème double
Salz und frisch gemahlener schwarzer Pfeffer
1 EL gehackte frische Petersilie
8 Eier

1 Butter und Öl in einem Topf erhitzen. Schalotte und Knoblauch dazugeben und unter Rühren 2 Minuten glasig dünsten. Die Pilze hinzufügen und unter Rühren 3–4 Minuten braten, bis sie weich sind.

2 Den Wein angießen und unter Rühren kochen, bis die Flüssigkeit fast vollständig verdampft ist. Die Crème double einrühren und 1 weitere Minute kochen. Mit Salz und Pfeffer abschmecken und die Petersilie einrühren. Warm stellen.

3 2 Eier mit ein wenig Salz und Pfeffer verschlagen. 1 Spritzer kaltes Wasser einrühren. Ein wenig Butter in einer Pfanne erhitzen, bis sie schaumig wird, dann die Eier einrühren. Bei mittlerer Hitze unter Schwenken 1–2 Minuten braten, bis die Unterseite goldbraun und die Eier fast gestockt, aber noch etwas feucht sind.

4 Ein Viertel der Pilzmischung auf eine Omeletthälfte geben. Die andere Hälfte über die Füllung falten und das Omelett auf einen vorgewärmten Teller gleiten lassen. Warm stellen, bis die restlichen 3 Omeletts ebenfalls zubereitet sind.

Mangold-Rote-Bete-Frittata mit Ziegenkäse

FÜR 4 PERSONEN **VORBEREITUNG 10 MIN.** **GARZEIT 20 MIN.**

Ist Mangold nicht erhältlich, können Sie auch Spinat verwenden. Dicke Ziegenkäserollen schneiden Sie besser in Würfel als in Scheiben.

1 Den Mangold putzen und waschen, aber nicht trocknen. Die Blätter in Streifen schneiden, die Stiele hacken.

2 Öl und Butter in einer großen, beschichteten Pfanne erhitzen. Die Zwiebel darin unter Rühren 3 Minuten glasig dünsten. Den Mangold dazugeben und 5 Minuten garen, bis er zusammenfällt und die Stiele weich werden. Falls nötig, etwas Wasser hinzufügen. Wenn das Gemüse gar ist, sollte das Wasser verdunstet sein. Den Mangold gleichmäßig in der Pfanne verteilen und die Rote Bete darüberstreuen.

3 Den Backofengrill vorheizen. Die Ziegenkäserolle in schmale Scheiben schneiden. Die Eier mit ein wenig Salz und Pfeffer würzen und in die Pfanne gießen. Mit Käsescheiben und Dill bestreuen und alles bei niedriger Hitze unter Schwenken 4–5 Minuten braten. Dabei das noch flüssige Ei unter das Omelett laufen lassen.

4 Wenn die Unterseite goldbraun und die Oberseite fast gestockt ist, die Pfanne unter den heißen Grill geben und die Oberseite bräunen. Das Omelett in Stücke schneiden und warm servieren.

ZUTATEN

- 200 g Mangold (bevorzugt rotstielige Sorte)
- 2 EL Olivenöl
- 1 EL Butter
- 1 kleine Zwiebel, gehackt
- 2 Rote Beten (vorgegart und vakuumiert), gewürfelt
- 100 g dünne Ziegenkäserolle
- 6 Eier, verschlagen
- Salz und frisch gemahlener schwarzer Pfeffer
- 2 EL gehackter frischer Dill

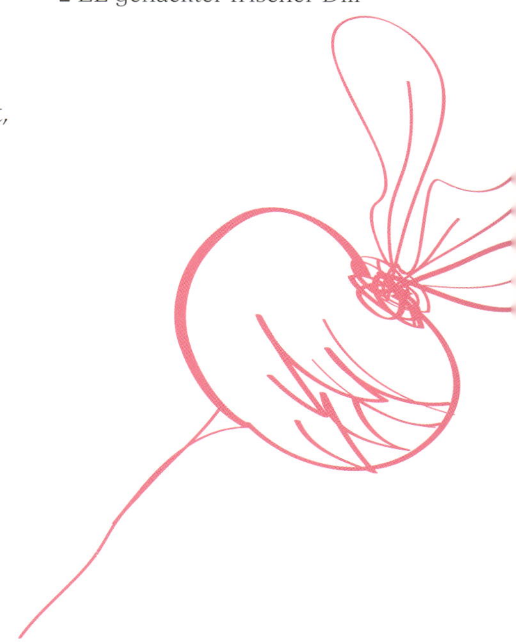

Kürbis-Spinat-Frittata mit Ziegenkäse

FÜR **4 PERSONEN** VORBEREITUNG **10 MIN.** GARZEIT **20 MIN.**

Mit Mangold oder Pak Choi wird diese frische Frittata ebenso köstlich wie mit Spinat. Auf Wunsch können Sie den Ziegenfrischkäse auch durch Hüttenkäse ersetzen.

ZUTATEN

1 kleiner Butternuss-Kürbis (ca. 500 g), geschält, halbiert, entkernt und gewürfelt
2 EL Olivenöl
1 EL Butter
1 kleine Zwiebel, gehackt
200 g Spinat
125 g Ziegenfrischkäse
4 halbgetrocknete Tomaten in Öl, abgetropft und fein gehackt
2 EL frisch geriebener Parmesan
frisch geriebene Muskatnuss
2 EL gehackter frischer Estragon
6 Eier, verschlagen
Salz und frisch gemahlener schwarzer Pfeffer

1 Den Kürbis in kochendem Wasser 2–4 Minuten blanchieren. In ein Sieb abgießen und gründlich abtropfen lassen.

2 Öl und Butter in einer großen, beschichteten ofenfesten Pfanne erhitzen. Die Zwiebel darin unter Rühren 3 Minuten leicht bräunen. Den Kürbis dazugeben und unter Rühren 2 Minuten braten, bis er weich ist, aber noch nicht zerfällt.

3 Den Spinat darüberstreuen und unter Rühren 2 Minuten kochen, bis er zusammenfällt. Bei starker Hitze 1–2 Minuten weitergaren, bis die Flüssigkeit verdampft ist. Dabei alles gründlich vermengen. Löffelweise Ziegenkäse und Tomaten hinzufügen. Mit Parmesan, Muskatnuss und Estragon bestreuen.

4 Die Eier mit etwas Salz und reichlich Pfeffer würzen. In die Pfanne gießen und braten, bis sie zu stocken beginnen. Währenddessen den Rand mehrfach anheben, damit das flüssige Ei nach unten läuft. Den Pfannendeckel aufsetzen und die Eier 5 Minuten sanft braten, bis sie gestockt sind und die Unterseite goldbraun ist.

5 In der Zwischenzeit den Backofengrill vorheizen. Wenn die Eier gestockt sind, die Pfanne unter den Grill geben und die Frittata von oben zart bräunen. Sie sollte nicht zu dunkel werden, da sonst die Farben der Zutaten verblassen. Aus dem Ofen nehmen und mindestens 5 Minuten abkühlen lassen. In Stücke schneiden und warm oder kalt servieren.

Currys & Eintöpfe

Zuckerschoten-Süßkartoffel-Curry mit Cashewkernen

FÜR **4 PERSONEN** VORBEREITUNG **10 MIN.** GARZEIT **20 MIN.**

Durch schnelles Kochen behält das Gemüse Farbe und Textur. Statt Süßkartoffeln können Sie Butternuss- und Gartenkürbis verwenden, statt Tofu eignen sich auch Nüsse.

ZUTATEN

2 EL Sonnenblumenöl
1 Bund Frühlingszwiebeln, in kurze Stücke geschnitten
1 Süßkartoffel (ca. 600 g), geschält und in walnussgroße Stücke geschnitten
1 Knoblauchzehe, zerdrückt
1 TL frisch geriebene Ingwer- oder Galgantwurzel
1 TL fein gehacktes Zitronengras oder Zitronengraspüree
3 EL rote Thai-Currypaste
400 ml Kokosmilch
175 g Zuckerschoten, geputzt
2 Zucchini, in schmale Stifte geschnitten (siehe S. 232)
12 Kirschtomaten
100 g Cashewkerne
1 EL gehacktes frisches Koriandergrün
1 Spritzer frisch gepresster Limettensaft
Jasminreis zum Servieren
1 dicke rote Chilischote, entkernt und in dünne Streifen geschnitten, zum Garnieren

1 Das Öl in einer großen Pfanne oder im Wok erhitzen. Die Frühlingszwiebeln darin 2 Minuten sanft pfannenrühren, bis sie leicht gebräunt sind. Die Süßkartoffel dazugeben und unter Rühren 1 Minute anbraten.

2 Knoblauch, Ingwer oder Galgant, Zitronengras, Currypaste und Kokosmilch einrühren und zum Kochen bringen. Die Temperatur reduzieren, den Deckel auflegen und alles 10 Minuten köcheln lassen, bis die Süßkartoffel gar ist.

3 In der Zwischenzeit Zuckerschoten und Zucchini in kochendem Wasser 2–3 Minuten blanchieren. In ein Sieb abgießen.

4 Zuckerschoten und Zucchini mit Tomaten, Cashewkernen und Koriandergrün in das Curry rühren. 1 Spritzer Limettensaft dazugeben und alles 2 Minuten köcheln, bis die Tomaten weich sind, aber noch nicht zerfallen. Jasminreis in Schalen geben, das Curry darauf verteilen und mit Chilistreifen garniert servieren.

Karahi-Paneer mit Paprika

FÜR **4–6 PERSONEN** VORBEREITUNG **25 MIN.** GARZEIT **30 MIN.**

Karahi ist ein indischer Wok und die Antwort auf Pfannengerührtes. Die Sauce schmeckt zu allen Gemüsen und Hülsenfrüchten gut, ein Vorrat im Kühlschrank lohnt sich also.

ZUTATEN

1 EL Ghee oder Sonnenblumenöl
½ TL Chiliflocken
2 rote Paprikaschoten, entkernt und in Streifen geschnitten
1 rote Zwiebel, in dicke Ringe geschnitten
500 g Paneer, in 1 cm breite Stifte geschnitten
1 Bund frisches Koriandergrün, gehackt
frisch gepresster Saft von 1 Zitrone
1 Stück frische Ingwerwurzel (5 cm), in Juliennestreifen geschnitten

Für die Karahi-Sauce

3 EL Ghee oder Sonnenblumenöl
2 Knoblauchzehen, fein gehackt
2 TL Koriandersamen, zerstoßen
2 rote Chilischoten, entkernt und fein gehackt
2 Zwiebeln, fein gehackt
2 TL frisch geriebene Ingwerwurzel
450 g Tomaten, gehackt
1 EL zerstoßene, getrocknete Bockshornkleeblätter
Salz
1 TL Zucker (nach Wunsch)

1 Die Sauce zubereiten: Das Ghee oder Öl in einem Topf erhitzen und den Knoblauch darin leicht bräunen. Umrühren, dann Koriandersamen und Chilis dazugeben. Sobald sie zu duften beginnen, die Zwiebeln hinzufügen und goldbraun anbraten. Ingwer und Tomaten einrühren. Die Temperatur auf niedrige Hitze reduzieren und alles unter häufigem Rühren kochen, bis die überschüssige Flüssigkeit verdampft ist und das Fett sich absetzt. Bockshornkleeblätter zugeben und mit Salz und – falls gewünscht – etwas Zucker abschmecken.

2 Das Karahi zubereiten: Ghee oder Öl im Karahi, im Wok oder in einer großen Pfanne erhitzen. Chiliflocken, Paprika und Zwiebel dazugeben und bei starker Hitze unter Rühren 2 Minuten anbraten. Den Paneer zugeben und 1 weitere Minute pfannenrühren. Nun die Sauce hinzufügen und gründlich untermischen. Sobald alles heiß ist, abschmecken und nach Wunsch nachsalzen. Zum Schluss Koriander und Zitronensaft einrühren. Mit Ingwer garnieren und servieren.

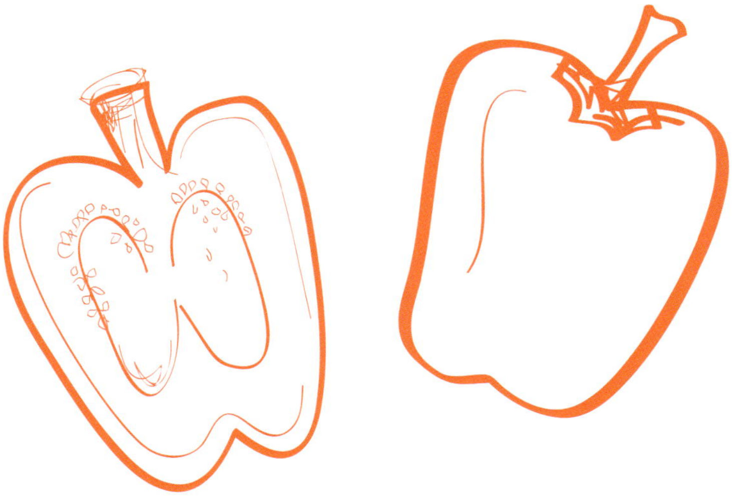

Buntes Gemüsecurry

FÜR **4 PERSONEN** VORBEREITUNG **15 MIN.** GARZEIT **25–30 MIN.**

Für dieses beliebte südindische Gericht werden verschiedene Gemüse in einer würzigen Tomaten-Masala gekocht. Die Kokosmilch macht es cremig und leicht süß.

1 Alle Zutaten für die Würzpaste im Mörser oder im Standmixer fein zermahlen bzw. pürieren und zur Seite stellen.

2 Möhre, Kartoffel und grüne Bohnen in etwa 2,5 cm große Stücke schneiden und beiseitestellen.

3 In einer großen Pfanne das Öl erhitzen und die Zwiebeln mit der Chilischote darin 5 Minuten braten, bis die Zwiebeln glasig sind. Möhre, Cayennepfeffer, Koriander, Kurkuma und Salz einrühren. Die Temperatur reduzieren und die Kartoffel mit 3 EL Wasser dazugeben. Den Deckel auflegen und alles 10 Minuten sehr sanft köcheln lassen.

4 Blumenkohl in einzelne Röschen teilen, mit den Bohnen und der Würzpaste einrühren und alles gründlich vermischen. Den Deckel auflegen und alles weitere 10–15 Minuten kochen lassen. Falls nötig, etwas Wasser nachgießen, damit die Mischung nicht ansetzt.

5 Die Pfanne vom Herd nehmen und die Kokosmilch langsam einrühren, bis sich alles gründlich vermischt hat. Heiß servieren.

ZUTATEN

1 große Möhre
1 Kartoffel
100 g grüne Bohnen
3 EL Sonnenblumenöl
2 Zwiebeln, klein gewürfelt
1 grüne Chilischote, längs halbiert und entkernt
½ TL Cayennepfeffer
½ TL gemahlener Koriander
½ TL gemahlene Kurkuma
Salz
¼ kleiner Blumenkohl
100 ml Kokosmilch

Für die Würzpaste

2 Knoblauchzehen, geschält
1 Stück frische Ingwerwurzel (2 cm), fein gehackt
1 grüne Chilischote, entkernt und fein gehackt
½ TL Fenchelsamen
100 g Tomaten, gehackt

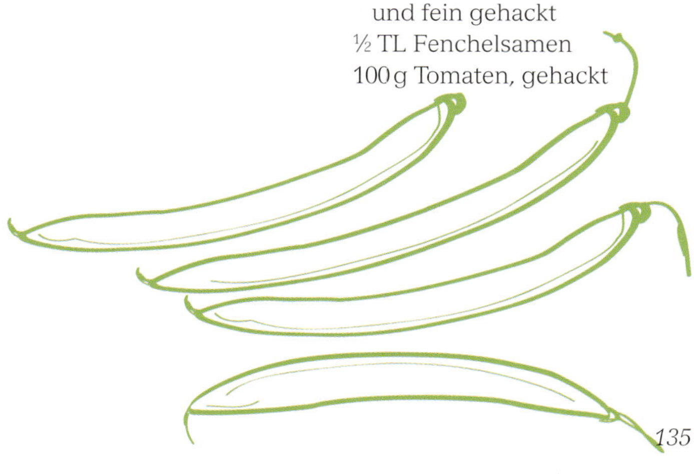

Gemüse-Dal mit Tandoori-Paneer

FÜR **4 PERSONEN** VORBEREITUNG **20 MIN. PLUS 2 STD. MARINIERZEIT** GARZEIT **35 MIN.**

Das Auge isst mit: In schönen, schalenförmigen Blättern eines sehr locker gewachsenen Eisbergsalats angerichtet, ist dieses Gericht einfach unwiderstehlich.

ZUTATEN

1 l Gemüsebrühe
250 g rote Linsen
1 TL gemahlener Kreuzkümmel
1 TL gemahlene Kurkuma
½ TL gemahlener Koriander
1 Zimtstange
2 EL Olivenöl
1 Zwiebel, gehackt
1 Knoblauchzehe, zerdrückt
2 EL Madras-Currypaste
2 Möhren, gewürfelt
2 Kartoffeln, gewürfelt
150 g grüne Bohnen, in kurze Stücke geschnitten
Salz und frisch gemahlener schwarzer Pfeffer
2 Tomaten, grob gehackt
4 große Blätter Eisbergsalat
Paprikapulver zum Garnieren
Mango-Chutney zum Servieren

Für den Paneer

250 g Paneer
2 EL Tandoori-Currypaste
125 g Naturjoghurt
1 große Knoblauchzehe, zerdrückt
1 EL gehacktes frisches Koriandergrün
1 Prise Salz

1 Den Paneer zubereiten: Zunächst quer in 4 Stücke und diese wiederum quer in 8 dünne Streifen schneiden. Rundum mit einem scharfen Messer einritzen. Die Currypaste mit Joghurt, Knoblauch, Koriander und Salz verrühren. Den Paneer darin wenden, sodass er rundum bedeckt ist. Abdecken und 2 Stunden in den Kühlschrank stellen.

2 40 Minuten vor dem Servieren die Brühe in einem Topf aufkochen. Linsen und Gewürze hineingeben, alles erneut aufkochen, dann bei niedriger Hitze unter gelegentlichem Rühren 25–30 Minuten köcheln lassen, bis die Linsen gar sind. Ist die Konsistenz zu flüssig, weitere 1–2 Minuten kochen lassen.

3 In der Zwischenzeit das Öl in einem zweiten Topf erhitzen und die Zwiebel mit dem Knoblauch darin unter ständigem Rühren 3 Minuten leicht bräunen. Die Madras-Currypaste einrühren und 30 Sekunden braten, dann Möhren, Kartoffeln und Bohnen dazugeben. 150 ml Wasser angießen und mit Salz und Pfeffer würzen. Aufkochen, die Temperatur reduzieren, zudecken und 10–15 Minuten sanft köcheln lassen, bis das Gemüse gar ist. Den Deckel abnehmen und, falls nötig, kochen, bis die überschüssige Flüssigkeit verdampft ist.

4 Das Gemüse unter die gekochten Linsen heben und abschmecken. Vorsichtig die Tomaten unterheben. Zudecken und warm halten.

5 Eine Grillpfanne fetten und erhitzen. Vom Paneer die überschüssige Marinade abtropfen lassen. Die Stücke von jeder Seite 1–2 Minuten braten und mit dem Pfannenwender andrücken, bis sie leicht gebräunt sind. Herausnehmen.

6 Das Curry in Salatblättern auf Tellern anrichten. Den Paneer dazugeben und alles mit Paprikapulver bestäuben. Mit Mango-Chutney servieren.

Gemüsecurry mit Linsen

FÜR **4 PERSONEN** VORBEREITUNG **15 MIN.** GARZEIT **35–40 MIN.**

Die Linsen machen dieses südindische Curry gehaltvoll und verleihen ihm Biss. Statt grüner Bohnen können Sie auch Baby-Maiskolben oder Dicke Bohnen verwenden.

ZUTATEN

100 g gelbe Spaltlinsen
1 TL gemahlene Kurkuma
1 TL Cayennepfeffer
2 Zwiebeln, in kleine Stücke geschnitten
1 große Möhre, in 2,5 cm lange Stücke geschnitten
100 g grüne Bohnen (frisch oder tiefgekühlt), in 2,5 cm lange Stücke geschnitten
3 Tomaten, geviertelt
100 g Kartoffeln, geschält und gewürfelt
1 EL Tamarindenpaste
1 Prise Salz
Reis und/oder Naan-Brote zum Servieren

Für die Würzpaste

8 EL Kokosflocken
2 TL Koriandersamen
1 getrocknete rote Chilischote

Für die Röstgewürze

1 EL Sonnenblumenöl
1 TL Senfsamen
10 getrocknete Curryblätter
3 getrocknete rote Chilischoten

1 Die Würzpaste zubereiten: Kokosflocken und Gewürze in einer trockenen Pfanne unter Rühren 1–2 Minuten bräunen. Abkühlen lassen, dann im Mörser oder Standmixer zermahlen und nach und nach mit 250 ml Wasser zu einer glatten Paste pürieren. Zur Seite stellen.

2 300 ml Wasser in einem Topf zum Kochen bringen und Linsen, Kurkuma, Cayennepfeffer und Zwiebeln darin 15–20 Minuten kochen, bis die Linsen gar sind.

3 Möhre, Bohnen, Tomaten und Kartoffeln dazugeben und alles vermischen. Abdecken und 10 Minuten kochen, bis die Gemüse gar sind.

4 Tamarindenpaste und Salz einrühren. Den Topf zudecken und alles weitere 5 Minuten kochen. Die Würzpaste einrühren, aufkochen, dann die Temperatur auf mittlere Hitze reduzieren und das Curry ohne Deckel unter gelegentlichem Rühren 5 Minuten kochen. Abschmecken und, falls nötig, mit Salz nachwürzen.

5 Die Röstgewürze zubereiten: Das Öl in einer Pfanne erhitzen und die Senfsamen hineingeben. Sobald sie zu springen beginnen, Curryblätter und Chilischoten dazugeben. Die Mischung über das Curry träufeln und vorsichtig unterheben. Heiß und mit Reis und/oder Naan-Brot servieren.

Kartoffel-Tomaten-Curry

FÜR **4 PERSONEN** **VORBEREITUNG** **15 MIN.** **GARZEIT** **30 MIN.**

Kartoffelcurry eignet sich als Frühstück, Mittag- und Abendessen – für sich alleine oder mit Brot und/oder Reis serviert. Die Reste schmecken sogar kalt sehr lecker.

1 Das Öl in einem Topf erhitzen und die Zwiebel darin 3 Minuten leicht bräunen. Tomaten, Chilis, gemahlene Chilischoten und Kreuzkümmel einrühren und mit Salz würzen. 120 ml Wasser angießen und alles unter Rühren kochen, bis die überschüssige Flüssigkeit verdampft ist.

2 Die Kartoffeln mit 120 ml Wasser dazugeben. Durchmischen, bis die Kartoffeln von der Gewürzmischung überzogen sind. Den Deckel auflegen und das Curry 15–20 Minuten kochen, bis die Kartoffeln gar sind, aber noch nicht zerfallen.

3 Den Deckel abheben und die Mischung weiterkochen, bis sich das Öl absetzt. Mit gehacktem Koriander garnieren und heiß servieren.

ZUTATEN

2 EL Sonnenblumenöl
1 große Zwiebel, fein gehackt
2 große Eiertomaten, gehäutet und gehackt
2–3 rote Chilischoten, entkernt und gehackt
½ TL gemahlene, getrocknete rote Chilischoten
1 TL Kreuzkümmelsamen
Salz
500 g Kartoffeln, geschält und in mundgerechte Stücke geschnitten, oder ganze neue Kartoffeln
gehacktes frisches Koriandergrün zum Garnieren

Kichererbsen-Spinat-Masala mit Bhatura

FÜR 4 PERSONEN **VORBEREITUNG 10 MIN.** **GARZEIT 35 MIN.**

Bhatura ist ein luftiges, frittiertes, indisches Fladenbrot und wird traditionell mit Chole – scharfen Kichererbsen – serviert. Es passt aber auch zu anderen scharfen Gerichten.

ZUTATEN

Sonnenblumenöl
2 große Zwiebeln, gehackt
1 Knoblauchzehe, zerdrückt
1 TL gemahlener Kreuzkümmel
1 TL gemahlener Koriander
1 TL frisch geriebene Ingwerwurzel
¼ TL gemahlene Gewürznelken
½ TL Cayennepfeffer
400 ml Gemüsebrühe
1 TL Zucker
3 Kartoffeln, grob gewürfelt
2 × 400 g Kichererbsen (aus der Dose), abgetropft
Salz und frisch gemahlener schwarzer Pfeffer
400 g Spinat
4 Tomaten, in Achtel geschnitten
4 EL Naturjoghurt und 1 EL frische Schnittlauchröllchen zum Garnieren

Für das Bhatura

85 g Vollkornweizenmehl
85 g Weizenmehl (Type 405), plus etwas zum Bestäuben
1 TL Backpulver
¼ TL Natron
½ TL Zucker
4 EL Naturjoghurt
2–3 EL Milch

1 2 EL Öl in einem Topf erhitzen und die Zwiebeln darin unter Rühren 2 Minuten anschwitzen. Knoblauch und Gewürze zugeben und 30 Sekunden braten.

2 Die Brühe angießen und alle restlichen Zutaten bis auf Spinat und Tomaten einrühren. Mit Salz und Pfeffer würzen. Aufkochen, umrühren, den Deckel halb auflegen und alles 15 Minuten köcheln lassen. Den Spinat einrühren. Sobald er zusammenfällt, die Tomaten einrühren, den Topf wieder halb abdecken und den Inhalt erneut 5 Minuten kochen lassen, bis der Spinat gar ist und alles in einer kräftigen Sauce schwimmt. Abschmecken und, falls nötig, nachwürzen.

3 In der Zwischenzeit das Bhatura zubereiten: Die Zutaten mit ¼ TL Salz und 2 TL Öl vermischen. So viel Milch einrühren, dass ein glatter, aber nicht klebriger Teig entsteht. Den Teig vorsichtig und zügig auf der bemehlten Arbeitsfläche verkneten und zu 4 Kugeln formen. Jede Kugel zu einem 10 cm großen Kreis ausrollen.

4 Das Öl in der Fritteuse auf 180 °C erhitzen, oder bis ein Würfel altbackenes Brot darin innerhalb von 30 Sekunden bräunt. Die Bhatura einzeln ins heiße Öl geben und unter einmaligem Wenden 2 Minuten frittieren, bis sie goldbraun und aufgebläht sind. Mit der Zange oder dem Schaumlöffel herausheben, auf Küchenpapier abtropfen lassen und warm stellen, bis alle Brote frittiert sind. Das Öl nach jedem Frittieren wieder aufheizen.

5 Das Masala auf Servierschalen oder tiefe Teller verteilen, jeweils mit einem Löffel Joghurt und etwas Schnittlauch garnieren und mit Bhatura servieren.

Kartoffel-Kürbis-Curry

FÜR 4 PERSONEN **VORBEREITUNG 10 MIN.** **GARZEIT 25 MIN.**

Statt Kürbis und Kartoffeln können Sie auch Süßkartoffeln und Möhren verwenden. Durch Vorkochen entfaltet die Currypaste ihr Aroma. Dazu passen Reis oder Nudeln.

ZUTATEN

1 große Kartoffel, geschält und in mundgerechte Stücke geschnitten
4 EL Kokossahne (teils auch als Kokoscreme im Handel)
4 EL rote Thai-Currypaste
2 TL Palmzucker oder Demerarazucker
2 EL helle Sojasauce
2 x 400 ml Kokosmilch
1 Prise Salz
½ kleiner Gartenkürbis, geschält und in mundgerechte Stücke geschnitten (nach dem Schneiden ca. 350 g)
2 EL Sonnenblumenöl
2 rote Zwiebeln, in Ringe geschnitten

1 Die Kartoffel in kochendem Wasser 3 Minuten blanchieren, in ein Sieb abgießen und zur Seite stellen. Die Kokossahne in einem Topf erhitzen, die Currypaste einrühren und bei mittlere Hitze 3 Minuten kochen, bis sie duftet. Regelmäßig rühren, damit die Paste nicht anbrennt. Mit Palm- oder Demerarazucker und Sojasauce würzen.

2 Kokosmilch, Salz, Kürbis und Kartoffel einrühren und zum Kochen bringen. Ein wenig Wasser einrühren, damit die Milch nicht ausflockt, während der Kürbis kocht. Bei mittlerer Hitze 10 Minuten sanft köcheln lassen, bis die Gemüse gar sind.

3 In der Zwischenzeit das Öl in einer Pfanne erhitzen und die Zwiebelringe darin bei mittlerer Hitze unter Rühren 5 Minuten erst glasig schwitzen, dann etwas bräunen. Herausheben und auf Küchenpapier abtropfen lassen. Das Curry mit den Zwiebeln garniert servieren.

Kichererbsen-Gemüse-Eintopf

FÜR 4 PERSONEN **VORBEREITUNG 20 MIN.** **GARZEIT 30 MIN.**

Wurzelgemüse und gehobelter Weißkohl ergeben eine leckere Winterversion. Mit gewürfelten Süßkartoffeln wird das Gericht zur kräftigenden Hauptspeise.

1 Das Öl in einem großen, beschichteten Topf erhitzen und die Zwiebel darin unter Rühren 2 Minuten glasig schwitzen. Aubergine, Paprika und Zucchini zugeben und unter Rühren 2 Minuten anbraten.

2 Knoblauch und beide Paprikapulver untermischen, dann Tomaten, Kichererbsen, Tomatenmark, Zucker, Brühe, Lorbeerblatt, ein wenig Salz und reichlich Pfeffer dazugeben. Aufkochen, dann die Temperatur reduzieren, den Deckel halb auflegen und den Eintopf unter gelegentlichem Rühren 30 Minuten köcheln lassen, bis das Gemüse gar ist. Falls nötig, den Deckel abnehmen und mehrere Minuten kräftig brodelnd kochen lassen, um die Sauce einzudicken. Sie sollte dick und sämig sein. Das Lorbeerblatt wegwerfen. Die Petersilie einrühren. Abschmecken und bei Bedarf nachwürzen.

3 Den Eintopf in vorgewärmte Schalen füllen, einen Löffel Joghurt daraufgeben und mit Kümmelsamen bestreuen. Mit reichlich knusprigem Brot und einem grünen Salat servieren.

ZUTATEN

- 2 EL Olivenöl
- 1 große Zwiebel, gehackt
- 1 große Aubergine, gewürfelt
- 1 gelbe Paprikaschote, entkernt und gewürfelt
- 1 rote Paprikaschote, entkernt und gewürfelt
- 2 Zucchini, in dicke Scheiben geschnitten
- 1 große Knoblauchzehe, zerdrückt
- 1 TL geräuchertes Paprikapulver
- 1 EL Paprikapulver edelsüß
- 400 g gehackte Tomaten (aus der Dose)
- 2 × 400 g Kichererbsen (aus der Dose), abgetropft
- 2 EL Tomatenmark
- ½ TL Zucker
- 150 ml Gemüsebrühe
- 1 Lorbeerblatt
- Salz und frisch gemahlener schwarzer Pfeffer
- 2 EL gehackte frische Petersilie
- 4 EL fester Naturjoghurt
- 2 TL Kümmelsamen
- knuspriges Brot und grüner Salat zum Servieren

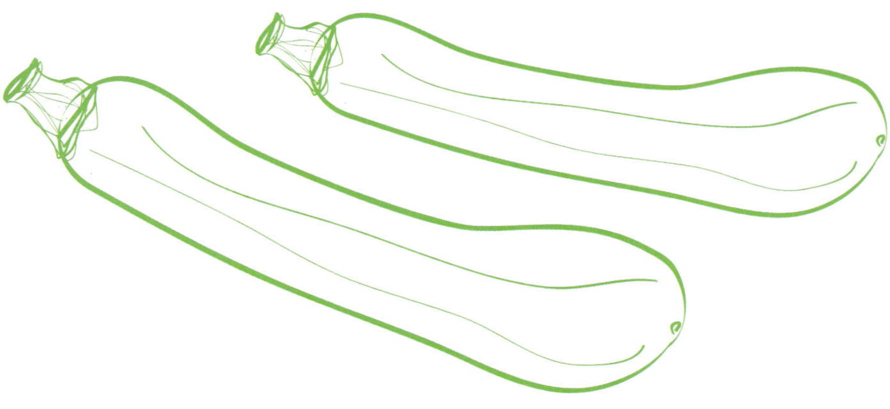

Vier Variationen mit Avocados

Avocado-Frühlingszwiebel-Quesadilla mit Chilis ►

ZUBEREITUNG 25 Min. **ERGIBT** 1 Stück

4 fein gehackte **Frühlingszwiebeln**, 1–2 entkernte, fein gehackte scharfe rote **Chilischoten** und den Saft von ½ **Limette** in einer Schüssel vermengen. Mit **Salz** und frisch gemahlenem **schwarzem Pfeffer** würzen. 1½ EL **Olivenöl** in einer beschichteten Pfanne erhitzen und 1 **Weizen-** oder **Maistortilla** darin 1 Minute anbraten. ½ in Scheiben geschnittene **Avocado** darauf verteilen. Einen schmalen Rand frei lassen. Die Frühlingzwiebeln darübergeben und mit 50g **Cheddar** bestreuen. Eine zweite Tortilla darauflegen und mit dem Pfannenwender etwas andrücken. Die Quesadilla wenden und nochmals 1 Minute braten. Halbieren oder vierteln und servieren.

◄ Avocado mit gerösteten Tomaten und Paprikadressing

ZUBEREITUNG 20 Min. **FÜR** 4 Pers.

Den Backofen auf 180 °C Umluft vorheizen. 350g **Kirschtomaten** mit 1 EL **Olivenöl** in einer Auflaufform mit einigen **Thymianblättern** mischen und mit **Salz** und frisch gemahlenem **schwarzem Pfeffer** würzen. Im Ofen 12–15 Minuten rösten. 90ml **Olivenöl**, 3 EL **Weißweinessig**, 1 TL **Paprikapulver**, 1 Prise **Zucker** und ½ TL **Mayonnaise** verrühren. Mit Salz und Pfeffer würzen. 2 reife **Avocados** halbieren, entsteinen und schälen. Jede Hälfte in Scheiben schneiden, aber nicht trennen. Aufgefächert mit **Rucola** und **Tomaten** auf einen Teller legen, mit dem Dressing beträufeln und servieren.

Die häufigsten Avocadosorten im Handel sind die dunkle, warzige Hass und die grüne, glatthäutige Fuerte. Beide haben einen nussigen Geschmack und cremiges, gelbgrünes Fruchtfleisch. Fuerte schält sich einfacher.

Avocado-Limetten-Mousse ▶

ZUBEREITUNG 15 Min. plus Kühlzeit **FÜR** 4 Pers.

2 große, reife **Avocados** halbieren und entsteinen. Das Fruchtfleisch mit der abgeriebenen Schale und dem Saft 1 **Bio-Limette** in einer Schüssel pürieren. 100g **fettarmen Frischkäse** unterheben und mit **Salz** und frisch gemahlenem **schwarzem Pfeffer** würzen. 2 TL **Gelatinepulver** in einer kleinen Auflaufform mit 2 EL Wasser verrühren. 1 Minute quellen lassen, dann die Schale ins heiße Wasserbad stellen und rühren, bis die Gelatine gelöst ist. 1 **Eiweiß** in einer Schüssel zu luftigem Eischnee schlagen. Die Gelatine in das Avocadopüree einrühren. Den Eischnee vorsichtig unterheben. Die Mousse in Ramequin-Förmchen geben, mit Frischhaltefolie abdecken und 2 Stunden im Kühlschrank kalt stellen.

◀ Avocado-Tomaten-Salat mit Mozzarella

ZUBEREITUNG 20 Min. **FÜR** 4 Pers.

Den Backofengrill vorheizen. 200g kleine **Eiertomaten** auf ein Backblech legen. 2 geschnittene **Knoblauchzehen** und 2 gehackte **Frühlingszwiebeln** zugeben und mit **Salz** und frisch gemahlenem **schwarzem Pfeffer** würzen. Mit 4 EL **nativem Olivenöl extra** beträufeln. 4–5 Minuten unter dem Grill rösten. Mit dem ausgetretenen Saft in eine Schüssel füllen. 2 EL **Balsamico-Essig**, 2 EL **Kapern**, abgespült und abgetropft, 150g gezupften **Büffel-Mozzarella** und gezupfte **Basilikumblätter** darübergeben. Vorsichtig durchheben. 2 reife **Avocados** schälen, entsteinen und vierteln. Je 2 Viertel auf jedem Teller anrichten, Tomaten darübergeben und mit Balsamico beträufeln. Sofort servieren.

Vietnamesisches Gemüse-Tofu-Curry

FÜR **4 PERSONEN** VORBEREITUNG **10 MIN.** GARZEIT **25 MIN.**

Hier verbinden sich geschmeidiger Tofu, knackige Bambussprossen und geröstete Auberginen zu einem milden Curry. Besonders köstlich ist dazu brauner Jasminreis.

ZUTATEN

1½ EL Sonnenblumenöl
1 große Knoblauchzehe, zerdrückt
1 Schalotte, in dünne Ringe geschnitten
1 EL Currypulver
2 TL Palmzucker oder Demerarazucker
400 ml Kokosmilch
frisch gepresster Saft von ½ Limette
1 TL gemahlene Annattosamen oder Kurkuma
1 Stängel Zitronengras, fein gehackt, oder 2 TL Zitronengraspüree
1 Kaffirlimettenblatt, zerdrückt
Salz
500 g fester Tofu, in 2,5 cm große Würfel geschnitten
225 g Bambussprossen aus der Dose, abgetropft
1 große Aubergine, längs halbiert und in 2,5 cm große Stücke geschnitten
einige Blätter frisches Koriandergrün oder Thai-Basilikumblätter zum Garnieren

1 Das Öl in einem Topf bei starker Hitze erhitzen und Knoblauch und Schalotte darin unter Rühren 5 Minuten anschwitzen, bis sie goldbraun sind. Currypulver und Zucker einstreuen und 1 Minute weiterbraten, bis das Gewürz zu duften beginnt.

2 Kokosmilch, Limettensaft, Annatto oder Kurkuma, Zitronengras und Kaffirlimettenblatt zugeben. Zum Kochen bringen, dann die Temperatur auf niedrige Hitze reduzieren. Mit Salz würzen und Tofu, Bambussprossen und Aubergine zugeben. Zudecken und 10–15 Minuten köcheln lassen, bis die Aubergine gar ist. Das Zitronengras wegwerfen. Das Curry mit Koriander- oder Thai-Basilikumblättern garniert servieren.

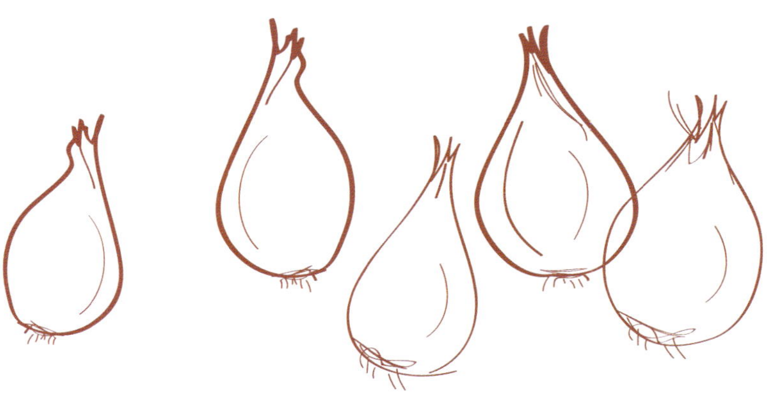

Thailändisches Auberginen-Curry

FÜR 4 PERSONEN VORBEREITUNG 20–25 MIN. GARZEIT 40 MIN.

Zu diesem leichten, süß-sauer-scharfen Curry passt statt Koriander auch Thai-Basilikum. Nicht-Vegetarier können statt der Sojasauce thailändische Fischsauce verwenden.

1 Die Hälfte des Öls in einer großen Pfanne erhitzen und die Zwiebel darin bei niedriger Hitze 2–3 Minuten anschwitzen. Knoblauch, Zimt, Sternanis, Chiliwürfel, Zitronengras und Kaffirlimettenblätter dazugeben und mit Salz und Pfeffer würzen. Das restliche Öl und die Auberginen hinzufügen und alles bei mittlerer Hitze 5 Minuten braten, bis die Auberginen leicht bräunen.

2 Ein wenig Kokosmilch einträufeln, den Zucker einstreuen, umrühren und die Mischung zum Kochen bringen. Die restliche Kokosmilch und die Brühe zugießen und alles erneut aufkochen. Die Temperatur reduzieren, 1 Spritzer Sojasauce zugeben und das Curry ohne Deckel 20 Minuten köcheln lassen. In einem zweiten Topf die Nudeln nach Packungsanweisung kochen, dann in ein Sieb abgießen und abtropfen lassen.

3 Das Curry abschmecken und, falls nötig, mit Sojasauce und Zucker nachwürzen. Sternanis und Zimtstange herausnehmen und wegwerfen. Die Hälfte der Korianderblätter hacken und einrühren. Die Nudeln auf 4 Schalen verteilen und das Curry darübergeben. Mit dem restlichen Koriander und den Limettenspalten garnieren und servieren.

ZUTATEN

2 EL Sonnenblumenöl
1 Zwiebel, fein gehackt
3 Knoblauchzehen, fein gehackt
1 Zimtstange
1 Sternanis
1 rote Chilischote, entkernt und fein gehackt
1 Stängel Zitronengras, fein gehackt, oder 2 TL Zitronengraspüree
4 Kaffirlimettenblätter, zerdrückt
Salz und frisch gemahlener schwarzer Pfeffer
8 Mini-Auberginen, längs geviertelt, oder 2 gewöhnliche Auberginen, grob gehackt
400 ml Kokosmilch
½ TL Palmzucker oder Demerarazucker
600 ml Gemüsebrühe
helle Sojasauce (nach Geschmack)
200 g getrocknete Reisnudeln
1 Handvoll frisches Koriandergrün
Limettenspalten zum Servieren

Bohnen-Maronen-Schmortopf à la bourguignon

FÜR 4–6 PERSONEN VORBEREITUNG 25 MIN. GARZEIT 1¼–1½ STD.

Die Maronen geben diesem reichhaltigen Eintopf eine ganz besondere Note. Er schmeckt gut zu Ofenkartoffeln, ist aber auch ein elegantes Gericht für Gäste.

ZUTATEN

1 EL Olivenöl
2 EL Butter
2 rote Zwiebeln, geviertelt
1 Knoblauchzehe, zerdrückt
16 kleine Chantenay-Karotten (ca. 115 g), geputzt
8 Mini-Speiserüben, geschält, oder 2 größere Rüben, geschält und in Stücke geschnitten
150 g kleine weiße oder braune Champignons
2 EL Mehl
300 ml Rotwein
300 ml Gemüsebrühe
2 EL Branntwein
1 EL Tomatenmark
1 großzügige Prise Zucker
250 g Maronen (vorgegart und vakuumiert)
400 g Kidney-Bohnen (aus der Dose), abgespült und abgetropft
1 Bouquet garni, gebunden oder im Säckchen
Salz und frisch gemahlener schwarzer Pfeffer
Kartoffelpüree oder Ofenkartoffeln und Brokkoli zum Servieren

1 Den Backofen auf 160 °C Umluft vorheizen. Öl und Butter in einem Bräter erhitzen und die Zwiebeln darin unter Rühren 5 Minuten knusprig braun anbraten.

2 Knoblauch, Karotten, Rüben und Pilze dazugeben und 2 Minuten anbraten. Das Mehl einrühren und 1 Minute anschwitzen. Nach und nach Wein, Brühe, Branntwein und Tomatenmark einrühren. Unter Rühren zum Kochen bringen und leicht andicken lassen.

3 Zucker, Maronen, Bohnen und Bouquet garni hinzufügen und mit Salz und Pfeffer würzen. Einen Bogen Backpapier auf den Durchmesser des Bräters zurechtschneiden, anfeuchten und den Schmortopfinhalt damit bedecken. Den Deckel auflegen und das Ganze im heißen Ofen 1¼–1½ Stunden schmoren, bis das Gemüse gar ist. Das Bouquet garni herausnehmen und wegwerfen. Sanft umrühren, abschmecken und, falls nötig, nachwürzen. Heiß mit Kartoffelpüree oder Ofenkartoffeln und Brokkoli servieren.

Pilz-Bohnen-Eintopf à la Stroganoff

FÜR **4–6 PERSONEN** VORBEREITUNG **10 MIN.** GARZEIT **20 MIN.**

Am besten schmeckt der Eintopf mit Waldpilzen, gelingt aber auch mit braunen oder weißen Zuchtchampignons. Wählen Sie dann allerdings kleine feste Köpfe.

ZUTATEN

2 EL Sonnenblumenöl
1 EL Butter
1 große Zwiebel, gehackt
1 Lauchstange, gehackt
2 Knoblauchzehen, zerdrückt
675 g Pilze, geviertelt
2 EL Branntwein
400 g Augenbohnen (aus der Dose), abgespült und abgetropft
400 g Crème fraîche
Salz und frisch gemahlener schwarzer Pfeffer
1 Handvoll gehackte frische Petersilie
gekochten Reis und grüner Salat zum Servieren

1 Öl und Butter in einer großen Pfanne erhitzen und die Zwiebel mit dem Lauch darin unter Rühren 5 Minuten goldbraun anbraten.

2 Knoblauch und Pilze dazugeben und unter Rühren 1 Minute anbraten. Zudecken und 10 Minuten sanft garen.

3 Den Branntwein hinzufügen und alles ohne Deckel kochen, bis fast alle Flüssigkeit verdunstet ist. Die Bohnen dazugeben und unter sanftem Rühren 2 Minuten erhitzen.

4 Die Crème fraîche einrühren und mit Salz und Pfeffer würzen. Heiß werden lassen, dann die Hälfte der Petersilie einrühren.

5 Den Eintopf auf gekochtem Reis anrichten und mit der restlichen Petersilie bestreuen. Mit grünem Salat servieren.

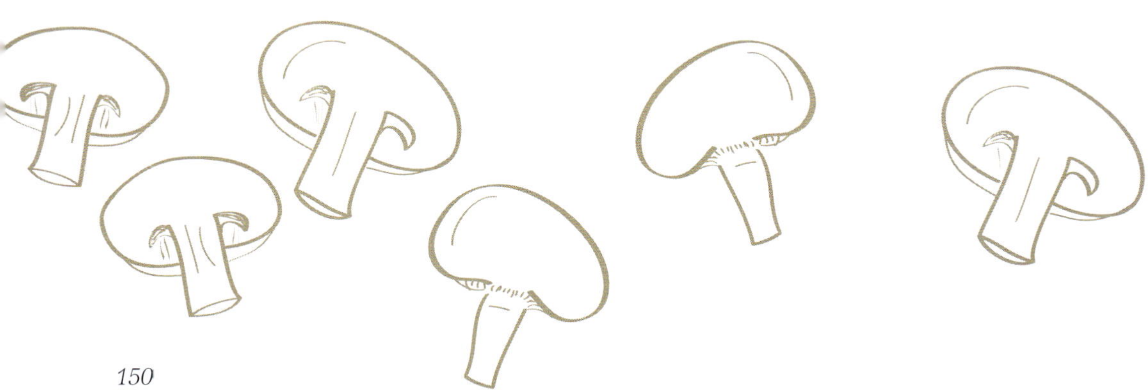

Blumenkohl-Brokkoli-Auflauf mit Tomaten und Käsestreuseln

FÜR **4–6 PERSONEN** VORBEREITUNG **20 MIN.** GARZEIT **15–20 MIN.**

Brokkoli und Blumenkohl sind immer eine gute Kombination. In Tomatensauce gegart und mit Käsestreuseln überbacken ergeben sie ein wunderbar leichtes Gericht.

1 Blumenkohl und Brokkoli in etwa gleich große Röschen teilen und die dicken Strünke wegwerfen. Nach Wunsch die Blätter des Blumenkohls abziehen, um sie mit den Röschen zu kochen.

2 Das Öl in einem Bräter erhitzen und die Zwiebel darin unter Rühren 3 Minuten glasig schwitzen, aber nicht bräunen. Die Brühe angießen und zum Kochen bringen.

3 Blumenkohl und Brokkoli dazugeben, abdecken und 3–5 Minuten kochen. Die Tomaten hinzufügen, wieder den Deckel auflegen und alles weitere 2 Minuten kochen, bis das Gemüse weich ist. Die restlichen Zutaten einrühren, mit Salz und Pfeffer würzen und 1 weitere Minute köcheln lassen. Den Backofengrill vorheizen.

4 Die Streuselzutaten vermengen und über das geschmorte Gemüse streuen. Den Bräter unter den Grill geben und den Auflauf 5 Minuten goldbraun überbacken, bis der Käse Blasen wirft. Dazu knuspriges Brot und einen grünen Salat servieren.

ZUTATEN

1 kleiner Blumenkohl
1 Kopf Brokkoli (ca. 300 g)
1 EL Sonnenblumenöl
1 Zwiebel, gehackt
400 ml Gemüsebrühe
4 reife Fleischtomaten, gehäutet und gehackt
2 EL Tomatenmark
1 großzügige Prise Zucker
2 EL gehacktes frisches Basilikum
5 EL gemahlene Mandeln
Salz und frisch gemahlener schwarzer Pfeffer
knuspriges Brot und grüner Salat zum Servieren

Für die Käsestreusel

30 g Butter, zerlassen
60 g Semmelbrösel von Vollkornbrot
85 g kräftiger Cheddar, gerieben
30 g Parmesan, gerieben

Scharfes Bohnengemüse mit Spiegelei

FÜR **4 PERSONEN** VORBEREITUNG **15 MIN.** GARZEIT **20 MIN.**

Das Bohnengemüse wird mit Reis und einem Spiegelei zu einem köstlichen und sättigenden Hauptgericht. Pinto- oder Kidney-Bohnen sind eine leckere Alternative.

ZUTATEN

Olivenöl zum Braten
1 große Zwiebel, gehackt
1 große Knoblauchzehe, zerdrückt
je 1 große grüne und gelbe Paprikaschote, entkernt und gewürfelt
½ Butternuss-Kürbis, gewürfelt
2 dicke rote oder grüne Chilischoten, entkernt und fein gehackt
½ TL gemahlene Kurkuma
1 TL gemahlener Kreuzkümmel
¼ TL gemahlene Gewürznelken
2 × 400 g Borlotti-Bohnen (aus der Dose), abgewaschen und abgetropft
400 g gehackte Tomaten (aus der Dose)
120 ml Gemüsebrühe
2 EL Tomatenmark
1 TL Zucker
einige entsteinte schwarze oder grüne Oliven, halbiert
1 Handvoll Rosinen
2 TL Rotweinessig
4 Eier
gekochter Reis und grüner Salat zum Servieren
gehacktes frisches Koriandergrün und Limettenspalten zum Garnieren

1 2 EL Öl in einer großen Pfanne oder im Wok erhitzen und die Zwiebel darin unter Rühren 3 Minuten glasig schwitzen und leicht bräunen. Knoblauch, grüne und gelbe Paprika sowie den Kürbis dazugeben und weitere 2–3 Minuten braten, bis das Gemüse fast gar ist.

2 Die restlichen Zutaten bis auf die Eier hinzufügen und zum Kochen bringen. Dann die Temperatur auf mittlere Hitze reduzieren. Den Deckel halb auflegen und alles unter gelegentlichem Rühren 15 Minuten köcheln lassen, bis das Gemüse gar und die Flüssigkeit eingedickt ist. Abschmecken und, falls nötig, nachwürzen.

3 In einer beschichteten Pfanne 1 EL Öl erhitzen und die Spiegeleier darin nach Wunsch braten. Das Bohnengemüse in flachen Schalen auf gekochtem Reis anrichten. Die Spiegeleier auflegen, mit Koriander und Limettenspalten garnieren und mit grünem Salat servieren.

Pizzas, Wraps, Tartes & Co.

Rote-Bete-Zucchini-Pizza mit Ziegenkäse

ERGIBT **2 GR. ODER 4 KL. PIZZAS** VORBEREITUNG **30 MIN. PLUS 1 STD. GEHZEIT** GARZEIT **20 MIN.**

Wenn die Zeit knapp ist, verwenden Sie fertigen Pizzateig. Als Variation können Sie die Zucchini durch Paprika und den Ziegenkäse durch Camembert ersetzen.

ZUTATEN

450 g Mehl (Type 550), plus etwas mehr zum Bestäuben
1 TL Salz
1 TL Zucker
2 TL Trockenhefe
2 EL Olivenöl, plus etwas mehr zum Einfetten

Für den Belag

5 EL Olivenöl
4 kleine Zucchini, in Scheiben geschnitten
1 rote Zwiebel, halbiert und dünn geschnitten
1 große Knoblauchzehe, fein gehackt
2 EL gehackter frischer Rosmarin
150 ml passierte Tomaten
2 EL Tomatenmark
2 Rote Beten (vorgegart und vakuumiert), gewürfelt
4 Handvoll Rucolablätter, plus einige Blätter zum Garnieren
2 × 120 g Ziegenkäserolle, in Scheiben geschnitten
grobes Meersalz
frisch gemahlener schwarzer Pfeffer

1 Mehl, Salz, Zucker und Hefe in einer großen Schüssel vermengen. Nach und nach 300 ml warmes Wasser und 2 EL Öl einrühren. Mit den Händen zu einem Teig verkneten und auf der leicht bemehlten Arbeitsfläche mindestens 5 Minuten geschmeidig kneten. Falls nötig, die Arbeitsfläche erneut mit Mehl bestäuben. Der Teig sollte nicht klebrig sein. Den Teig zu einer Kugel formen und in eine leicht geölte Schüssel legen. Mit Frischhaltefolie abdecken und 1 Stunde an einem gleichmäßig warmen Ort gehen lassen, bis er sein Volumen verdoppelt hat.

2 In der Zwischenzeit 3 EL Olivenöl in einer Pfanne erhitzen. Zucchini, Zwiebel, Knoblauch und Rosmarin darin 3 Minuten braten, bis sie weich werden, aber nicht bräunen. Zur Seite stellen.

3 Ist der Teig aufgegangen, den Backofen auf 200 °C Umluft vorheizen. Den Teig noch einmal kräftig durchkneten, zu zwei 30–35 cm großen oder vier 20 cm großen runden Böden ausrollen und diese auf geölte Pizza- oder Backbleche legen. Die Teige mit bemehlten Fingern nochmals auseinanderdrücken und dann im heißen Ofen 10 Minuten vorbacken.

4 Passierte Tomaten und Tomatenmark verrühren. Die Böden aus dem Ofen holen und die Tomatenmischung darauf verteilen. Mit Zucchini und Zwiebel belegen. Rote Bete und Rucola darauf verteilen und mit Ziegenkäse belegen. Mit ein wenig Salz und reichlich schwarzem Pfeffer würzen.

5 Weitere 10 Minuten im Ofen backen, bis der Rand goldbraun, der Käse verlaufen und der Belag heiß ist.

6 Mit ein paar Rucolablättern garnieren, mit dem restlichen Olivenöl beträufeln und heiß servieren.

Spargel-Pilz-Pizza mit Knoblauch

ERGIBT **2 GR. ODER 4 KL. PIZZAS** VORBEREITUNG **30 MIN. PLUS 1 STD. GEHZEIT** GARZEIT **30 MIN.**

Außerhalb der Spargelsaison können Sie die Pizza auch mit gegrillten Auberginenscheiben zubereiten. Verwenden Sie ruhig einmal den milden frischen Knoblauch.

ZUTATEN

1 Menge Pizzateig (siehe S. 156)
150 g dünne grüne Spargelstangen, geputzt
5–6 EL Olivenöl
2 Schalotten, gehackt
250 g gemischte Pilze, z. B. Shiitake, Enoki und Nomeku, größere Pilze halbieren oder vierteln
4 Blätter Frühkohl oder andere grüne Kohlsorten, (ca. 100 g), in feine Streifen geschnitten, Strünke entfernt
2 EL Butter
3 EL Mehl
250 ml Milch
2 große Knoblauchzehen, zerdrückt
80 g Cheddar, gerieben
Salz und frisch gemahlener schwarzer Pfeffer
2 EL gehackter frischer Estragon oder Basilikum
125 g Mozzarella, gerieben
2 EL frische Schnittlauchröllchen

1 Den Pizzateig zubereiten und gehen lassen (siehe S. 156, Schritt 1). In der Zwischenzeit eine Grillpfanne erhitzen. Die Spargelstangen mit ein wenig Öl einstreichen und in der Pfanne von jeder Seite 2 Minuten rösten, bis sie leicht gebräunt und gerade weich sind. Diagonal in Stücke schneiden und zur Seite stellen.

2 2 EL Öl in einer Pfanne erhitzen und Schalotten und Pilze 2 Minuten anbraten. Aus der Pfanne nehmen und beiseitestellen. Erneut 1 EL Öl in die Pfanne geben und den Kohl darin 2 Minuten pfannenrühren, bis er zusammenfällt. Ebenfalls zur Seite stellen.

3 Wenn der Teig aufgegangen ist, den Backofen auf 200 °C Umluft vorheizen. Den Teig noch einmal kräftig durchkneten, zu zwei 30–35 cm oder vier 20 cm großen runden Böden ausrollen und auf geölte Pizza- oder Backbleche legen. Die Teige mit bemehlten Fingern nochmals auseinanderdrücken und dann im heißen Ofen 10 Minuten vorbacken.

4 In der Zwischenzeit die Butter in einem kleinen Topf zerlassen. Das Mehl mit dem Schneebesen einrühren und unter Rühren 1 Minute anschwitzen. Den Topf vom Herd nehmen und die Milch einrühren. Wieder auf den Herd stellen, aufkochen und 2 Minuten unter ständigem Rühren andicken lassen. Knoblauch und Cheddar untermischen und mit Salz und Pfeffer würzen.

5 Die Knoblauchsauce auf den Pizzaböden verteilen. Mit Kohl, Pilzen und Spargel belegen und mit Estragon oder Basilikum bestreuen. Den Mozzarella darüberstreuen. Mit ein wenig Öl beträufeln und mit Schnittlauch bestreuen. Im heißen Ofen 15–20 Minuten backen, bis der Rand goldbraun und knusprig ist. Heiß und in Stücke geschnitten servieren.

Sprossbrokkoli-Ricotta-Calzone mit Rosmarin

ERGIBT **4 CALZONEN** VORBEREITUNG **30 MIN. PLUS 1 STD. GEHZEIT** GARZEIT **25 MIN.**

Eine Calzone – Italienisch für »Hose« – ist eine vor dem Backen zur Teigtasche zusammengefaltete Pizza. So sind alle Aromen im Teig gefangen und intensiver.

ZUTATEN

1 Menge Pizzateig (siehe S. 156)
200 g Sprossbrokkoli, dicke Strünke abgeschnitten
Mehl zum Bestäuben
60 g streichfähige Butter
2 große Knoblauchzehen, zerdrückt
2 EL gehackter frischer Rosmarin
150 g Ricotta
Salz und frisch gemahlener schwarzer Pfeffer
2 große Tomaten, gehackt
100 g Mozzarella, in Stücke gezupft
4 EL schwarze Oliven in Scheiben
2 EL Olivenöl, plus etwas mehr zum Einfetten
2 EL frisch geriebener Parmesan zum Garnieren

1 Den Teig zubereiten und gehen lassen (siehe S. 156, Schritt 1). Den Backofen auf 200 °C Umluft vorheizen. Den Brokkoli 3–4 Minuten dämpfen oder kochen, bis er gerade weich wird. In ein Sieb abgießen, unter kaltem Wasser abschrecken und abtropfen lassen. In mundgerechte Stücke schneiden und zur Seite stellen.

2 Den aufgegangenen Teig noch einmal kräftig durchkneten und in 4 gleich große Stücke schneiden. Auf der leicht bemehlten Arbeitsfläche jeweils zu einem 20 cm großen, runden Boden ausrollen. Die Butter mit Knoblauch, Rosmarin und Ricotta vermischen und mit Salz und Pfeffer würzen. Die Böden damit bestreichen. Dabei einen rund 3 cm breiten Rand frei lassen.

3 Die Böden mit Brokkoli, Tomaten, Mozzarella und Olivenscheiben belegen, auch dabei den Rand frei lassen. Mit der Hälfte des Olivenöls beträufeln.

4 Den Rand mit Wasser einpinseln. Die Pizzas mit leicht bemehlten Händen in der Mitte falten. Die Ränder zusammendrücken, dann umschlagen und so versiegeln. Die Calzonen auf ein geöltes Backblech legen und mit dem restlichen Öl bestreichen. 18–20 Minuten im Backofen goldbraun backen. Mit ein wenig Parmesan bestreuen und servieren.

Avocado-Spinat-Wraps mit Chili

ERGIBT **2 WRAPS** ZUBEREITUNG **5 MIN.**

Diese kleinen Rollen voller Nährstoffe und Geschmack sind als leichtes Mittag- oder Abendessen ideal. Probieren Sie statt Spinat einmal Rucola oder Brunnenkresse.

1 Die Avocado schälen, halbieren und entsteinen (siehe S. 236–237). In dünne Scheiben schneiden und in Zitronen- oder Limettensaft wenden.

2 Die Tortilla auslegen, mit Mayonnaise bestreichen und mit Spinat, Avocado, Paprika, zerstoßener Chilischote und Jalapeñostreifen belegen. Mit reichlich Pfeffer würzen. Die Seiten der Tortilla einschlagen und den Fladen dann zu einer festen Rolle aufrollen. Schräg halbieren und servieren.

ZUTATEN

1 kleine Avocado
1 TL frisch gepresster Zitronen- oder Limettensaft
1 große Weizentortilla
2 EL Mayonnaise
1 große Handvoll junge Spinatblätter
½ rote Paprikaschote, entkernt und in dünne Streifen geschnitten
½ TL zerstoßene getrocknete Chilischote
6 Streifen eingelegte Jalapeño
frisch gemahlener schwarzer Pfeffer

Zucchini-Tomaten-Wraps

ERGIBT **2 WRAPS** VORBEREITUNG **5 MIN.** GARZEIT **4–6 MIN.**

Sie können für dieses Rezept fertig gekauftes oder selbst gemachtes Hummus (siehe S. 225) verwenden. Probieren Sie es einmal mit Aubergine statt der Zucchini.

ZUTATEN

2 Zucchini, längs in 5 mm dünne Scheiben geschnitten
2 EL Olivenöl
2 große Weizentortillas
6 EL Hummus
8 halbgetrocknete Tomaten in Öl, abgetropft und gehackt, Öl aufgefangen
1 Handvoll Rucola
frisch gepresster Zitronensaft
frisch gemahlener schwarzer Pfeffer

1 Eine Grillpfanne erhitzen. Die Zucchinischeiben mit Öl bestreichen und portionsweise von beiden Seiten jeweils 2–3 Minuten braten, bis sie gar und gebräunt sind. Zur Seite stellen.

2 Die Weizentortillas auslegen, mit Hummus bestreichen, mit den Zucchinischeiben belegen und mit den Tomaten bestreuen.

3 Den Rucola darauf verteilen und mit dem aufgefangenen Tomatenöl sowie Zitronensaft beträufeln. Mit reichlich Pfeffer würzen. Die Seiten der Tortillas einschlagen und die Fladen zu festen Rollen aufwickeln. Schräg halbieren und servieren.

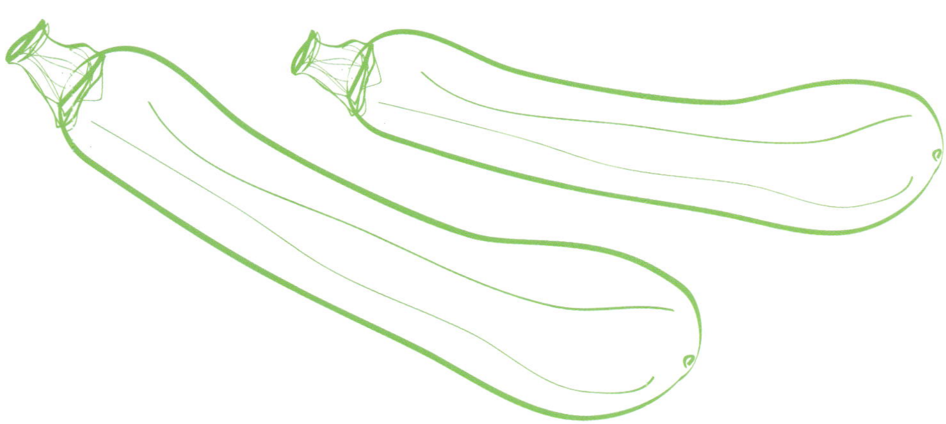

Maki-Sushi-Röllchen

ERGIBT **24 RÖLLCHEN** VORBEREITUNG **40 MIN.** GARZEIT **20 MIN. PLUS 20 MIN. ABKÜHLZEIT**

Die Füllung kann mit Paprika- oder Zucchinistreifen variiert werden. Am besten passt dazu der rosafarbene, süßsauer eingelegte Ingwer.

ZUTATEN

225 g Sushi-Reis
4 EL Reisessig
2 TL Zucker
2 TL Sesamöl
½ TL Salz
4 Noriblätter (getrocknete Algen)
Wasabipaste, eingelegter Ingwer (Sushi-Ingwer) und Tamari- oder helle Sojasauce zum Servieren

Für die Füllung

1 kleine Avocado
1 TL Reisessig
1 Tomate, entkernt und in dünne Streifen geschnitten
4 dünne Möhrenstreifen, mit dem Sparschäler geschnitten
1 Frühlingszwiebel, in kurze Stücke und in dünne Streifen geschnitten
1 Stück Gurke (5 cm), geschält, entkernt und in Stifte geschnitten

1 Den Sushi-Reis nach Packungsanweisung garen. Essig, Zucker, Öl und Salz vermischen und unter den gekochten Reis heben. Abdecken und 20 Minuten ziehen lassen.

2 Die Füllung zubereiten: Die Avocado halbieren, entsteinen und schälen (siehe S. 236–237). In dünne Scheiben schneiden und im Essig wenden, damit sie nicht braun wird.

3 Ein Noriblatt mit der glänzenden Seite nach unten so auf eine Sushi-Matte oder ein quadratisches Stück Grillfolie legen, dass seine Streifen quer verlaufen. So viel Reis darauf verteilen, dass das Noriblatt ca. 5 mm hoch bedeckt ist. Dabei an der oberen Kante einen 2 cm breiten Rand frei lassen.

4 In der Mitte der Reisplatte auf einer Linie die Avocadoscheiben und Tomatenstreifen platzieren und leicht in den Reis drücken. Mithilfe der Sushi-Matte bzw. der Folie den Reis mit der Füllung von unten nach oben zu einer festen Rolle aufwickeln, ohne dass die Füllung herausfällt. Darum während des Aufrollens gleichmäßig Druck ausüben. Den freien Rand anfeuchten und die Rolle verschließen. In Frischhaltefolie einschlagen und eine zweite Rolle anfertigen.

5 Mit dem restlichen Reis und den übrigen Noriblättern zwei Möhren-Frühlingszwiebel-Rollen anfertigen (weiße und grüne Streifen Frühlingszwiebel gleichmäßig verteilt). Die Rollen bis zum Servieren in den Kühlschrank legen.

6 Zum Servieren aus dem Kühlschrank nehmen und jede Rolle in 6 Stücke schneiden. Mit Wasabipaste, eingelegtem Ingwer und Tamari- oder heller Sojasauce auf einer Platte anrichten und servieren.

Tacos mit bunter Paprika

FÜR **4 PERSONEN** VORBEREITUNG **10 MIN.** GARZEIT **10 MIN.**

Diese Tacos sind schnell zubereitet und schmecken mit einem Löffel Guacamole noch leckerer. Die Füllung eignet sich auch für knusprige Maistortillas.

ZUTATEN

2 EL Sonnenblumenöl
2 rote Zwiebeln, in Ringe geschnitten
1 rote Paprikaschote, entkernt und in dünne Streifen geschnitten
1 grüne Paprikaschote, entkernt und in dünne Streifen geschnitten
1 gelbe Paprikaschote, entkernt und in dünne Streifen geschnitten
1 orange Paprikaschote, entkernt und in dünne Streifen geschnitten
1 Knoblauchzehe, zerdrückt
125 g Mini-Maiskolben, längs halbiert
1 TL gemahlener Kreuzkümmel
1 TL gemahlener Koriander
1 TL Paprikapulver
½ TL zerstoßene getrocknete Chilischoten
Saft von 1 frisch gepressten Limette
1 Handvoll gehacktes frisches Koriandergrün
Salz und frisch gemahlener schwarzer Pfeffer
8 Weizentortillas
8 EL saure Sahne

1 Das Öl in einem Wok oder einer großen Pfanne erhitzen und Zwiebeln und Paprika darin unter Rühren 6–8 Minuten anbraten, bis sie weich sind. Knoblauch und Mais zugeben und unter Rühren weitere 1–2 Minuten braten.

2 Alle Gewürze dazugeben und unter Rühren 30 Sekunden rösten. Den Wok vom Herd nehmen und Limettensaft und Koriandergrün einrühren. Nach Geschmack mit Salz und Pfeffer würzen.

3 Die Füllung auf die Tortillas verteilen, je einen Löffel saure Sahne daraufgeben und die Fladen aufrollen. Die Tacos sofort heiß servieren.

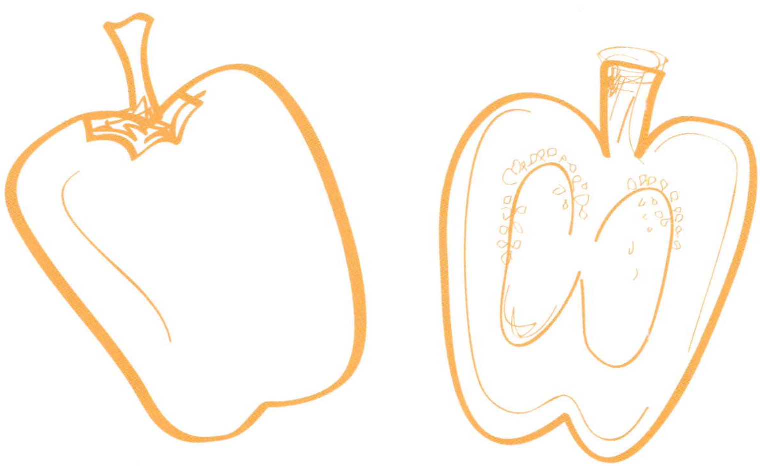

Vietnamesische Goi cuon (Sommerrollen)

ERGIBT 8 ROLLEN **ZUBEREITUNG 50 MIN.**

Diese farbenfrohen, köstlichen Rollen sind ein leckeres, leichtes Mittag- oder Abendessen, einzeln auch eine Vorspeise. Ideal geeignet sind kleine runde Salatblätter.

1 Die Reisnudeln 5 Minuten in kochendem Wasser quellen lassen. In ein Sieb abgießen, unter kaltem Wasser abschrecken und auf Küchenpapier trocknen lassen.

2 Sojasauce, Ingwer und Zucker gründlich vermengen. Die Nudeln dazugeben und unterheben, bis sie die Flüssigkeit vollständig aufgenommen haben.

3 Gemüse und Korianderblätter in Griffweite aufreihen. Einen großen Teller auf die Arbeitsfläche stellen und eine große flache Schale mit warmem Wasser zum Einweichen der Reispapierblätter auf die linke Seite stellen.

4 Ein Reispapierblatt 5 Sekunden ins warme Wasser legen. Herausheben und flach ausgebreitet auf den Teller legen. Ein Salatblatt mit der kräftig grünen Seite nach unten an die untere Kante des Reispapiers anlegen. 1 kleine Handvoll Nudeln darauflegen, dann ein paar Mungbohnensprossen, Gurkenstifte, Frühlingszwiebeln und Möhrenstreifen dazugeben.

5 Die untere Kante des Reispapiers einmal mit der Füllung einschlagen. Dort, wo Teig auf Teig stößt, ein paar Radieschenscheiben in einer Reihe einstecken und 3–4 Korianderblätter parallel dazu auf den Teig legen.

6 Nun die Seiten des Reispapiers einschlagen und alles zu einer festen Rolle aufwickeln. Mit den Radieschen nach oben auf einen Servierteller legen. Mit einem sauberen feuchten Tuch abdecken und die restlichen Rollen zubereiten. Dann mit Frischhaltefolie abdecken und bis zum Servieren bei Zimmertemperatur ruhen lassen. Am besten innerhalb weniger Stunden verzehren.

ZUTATEN

100 g Reis-Vermicelli (dünne Reisnudeln)
1 EL helle Sojasauce
1 TL frisch geriebene Ingwerwurzel
1 TL Demerarazucker oder Palmzucker
8 kleine, weiche, runde, grüne Salatblätter, die dicken Strünke herausgeschnitten
1 Handvoll Mungbohnensprossen
1 Stück Gurke (5 cm), geschält, entkernt und in dünne Stifte geschnitten
2 Frühlingszwiebeln, in kurze Stücke und dann in dünne Streifen geschnitten
½ Möhre, mit dem Sparschäler in dünne Streifen geschnitten
8 Radieschen, in Scheiben geschnitten
einige Stängel frisches Koriandergrün, Blätter abgezupft
8 große Reispapierblätter (Ø 22 cm)

Vier Variationen mit Tomaten

Tomatensuppe ▶

ZUBEREITUNG 1 Std. 15 Min. **FÜR** 4 Pers.

1 EL **Olivenöl** in einem großen Topf erhitzen. 1 gehackte Zwiebel, 1 gehackte **Knoblauchzehe** und 2 geschnittene **Selleriestangen** unter Rühren darin anschwitzen, bis sie weich sind, aber nicht bräunen. 1 geschnittene **Möhre** und eine gehackte **Kartoffel** dazugeben und 1 Minute anbraten. 400 g gehackte **Tomaten aus der Dose**, 750 ml **Gemüsebrühe**, 1 **Lorbeerblatt** und 1 TL **Zucker** zugeben. Mit **Salz** und frisch gemahlenem **schwarzem Pfeffer** würzen, aufkochen, die Temperatur reduzieren, zudecken und 45 Minuten köcheln. Vom Herd nehmen und leicht abkühlen lassen, dann mit dem Stabmixer glatt pürieren. Abschmecken und, falls nötig, nachwürzen. Nochmals erhitzen und servieren.

◀ Gefüllte Tomaten

ZUBEREITUNG 1 Std. plus Ruhezeit **FÜR** 4 Pers.

4 große reife **Fleischtomaten** quer halbieren. Inneres Fruchtfleisch mit Kernen und Trennwänden herauskratzen und wegwerfen. Die Tomaten innen salzen, auf die Schnittfläche stellen und 30 Minuten Wasser ziehen lassen. Den Backofen auf 200 °C Umluft vorheizen. 1 EL **Olivenöl** in einer Pfanne erhitzen und 2 fein gehackte **Sardellen** sowie 1 zerdrückte **Knoblauchzehe** 30 Sekunden darin anbraten. 4 EL frische **Semmelbrösel** zugeben und 2 Minuten rösten. 4 EL **Mascarpone**, 125 g **Ricotta** und 2 EL fein gehackte **Basilikumblätter** vermengen. Mit frisch gemahlenem **schwarzem Pfeffer** würzen. Die Tomatenhälften mit der Käsemischung füllen und die Semmelbrösel daraufgeben. Im Backofen 15–20 Minuten backen.

Für Salate sind Strauchtomaten, Kirschtomaten und schnittfeste Fleischtomaten die richtige Wahl. In Saucen, Suppen, gegrillt oder geröstet schmecken Eiertomaten und Fleischtomaten am besten.

Caprese mit roten Zwiebeln ▶

ZUBEREITUNG 10 Min. **FÜR** 4 Pers.

8 reife **Eiertomaten,** in Scheiben geschnitten, 6 **Kirschtomaten**, halbiert, 1 kleine **rote Zwiebel,** geschält und geschnitten, und 1 kleine Handvoll gezupfte **Basilikumblätter** in einer großen Schüssel mit reichlich **nativem Olivenöl extra** beträufeln, gut mit **Salz** und frisch gemahlenem **schwarzem Pfeffer** würzen und durchheben. 2 Handvoll **Rucolablätter** auf einer Servierplatte anrichten, mit etwas **Öl** und **Balsamico-Essig** beträufeln und würzen. Die Tomaten und 2 gezupfte Kugeln **Mozzarella** darauf verteilen. Mit ein paar Basilikumblättern bestreuen, mit Öl und Balsamico beträufeln und sofort servieren.

◀ Stückige Tomatensauce

ZUBEREITUNG 35 Min. **ERGIBT** 600 ml

4 EL **Sonnenblumenöl** in einem großen Topf bei mittlerer Hitze erhitzen. 1 gehackte **Zwiebel** und 1 gehackte **Knoblauchzehe** darin unter gelegentlichem Rühren 5–8 Minuten leicht bräunen. 4 EL **Tomatenmark**, 800 g **gehackte Tomaten** aus der Dose und 4 gezupfte **Basilikumblätter** zugeben und mit **Salz** und frisch gemahlenem **schwarzem Pfeffer** würzen. Die Temperatur auf köchelnd reduzieren und alles 20 Minuten ohne Deckel köcheln, bis die Sauce eingedickt ist. Kurz vor dem Servieren noch ein paar Basilikumblätter einrühren.

Guacamole-Cheddar-Quesadillas

ERGIBT 2 QUESADILLAS **VORBEREITUNG 5 MIN.** **GARZEIT 5 MIN.**

Die »Mexikanische Tomaten-Zwiebel-Salsa mit Koriander« von Seite 222 passt gut zu dieser Quesadilla. Die Avocados sollten reif sein, sonst schmecken sie bitter.

ZUTATEN

2 Avocados
2 TL frisch gepresster Limettensaft
1 TL zerstoßene getrocknete Chilischoten (nach Geschmack)
2 dünne Frühlingszwiebeln, fein gehackt
1 Stück Gurke (5 cm), fein gehackt
2 Tomaten, entkernt und fein gehackt
Salz und frisch gemahlener schwarzer Pfeffer
4 Weizentortillas
2 große Handvoll geriebener Cheddar
2 EL gehacktes frisches Koriandergrün
einige Tropfen Worcestersauce oder Pilz-Ketchup

1 Die Guacamole zubereiten: Die Avocados halbieren, entsteinen und schälen (siehe S. 236–237). Das Fruchtfleisch in einer Schüssel mit dem Limettensaft pürieren, Chilis, Frühlingszwiebeln, Gurke und Tomatenstücke einrühren. Mit Salz und Pfeffer würzen.

2 Eine große, beschichtete Pfanne erhitzen. Eine Tortilla auf ein Brett legen und mit der Hälfte der Guacamole bestreichen. In die Pfanne legen und jeweils mit der Hälfte von Käse und Koriander bestreuen. Mit ein paar Tropfen Worcestersauce oder Pilz-Ketchup beträufeln und die zweite Tortilla darauflegen. Mit dem Pfannenwender gut andrücken.

3 Bei mittlerer Hitze 2–3 Minuten braten, bis die Unterseite gebräunt und knusprig ist und der Käse zu schmelzen beginnt. Dabei beständig andrücken. Die Quesadilla auf einen Teller stürzen, wieder in die Pfanne gleiten lassen und von der anderen Seite 2 Minuten braten. Dabei andrücken, bis sie gebräunt und der Käse zerlaufen ist. Auf einen Teller geben und vierteln. Warm stellen und die zweite Quesadilla ebenso zubereiten.

Karamellisierte Schalottentarte

FÜR **4–6 PERSONEN** VORBEREITUNG **20 MIN. PLUS 30 MIN. RUHEZEIT** GARZEIT **45 MIN.**

Obwohl die Allium-Familie für die meisten Köche unersetzlich ist, spielen Schalotten und Zwiebeln selten die Hauptrolle. Hier aber sind die Schalotten die Stars.

ZUTATEN

175 g Weizenmehl (Type 405)
1 Prise Salz
115 g Butter
2 EL Olivenöl
400 g Schalotten, geschält und längs halbiert
2 EL Balsamico-Essig
einige Zweige frischer Thymian
grüner Salat zum Servieren

1 Den Teig zubereiten: Mehl, Salz und 85 g Butter in einer Schüssel mit dem Handrührgerät zu feinen Bröseln mischen. Unter Rühren esslöffelweise kaltes Wasser zugeben, bis ein homogener Teig entsteht. Mit den Händen zu einer Kugel formen, in Frischhaltefolie einwickeln und im Kühlschrank 30 Minuten ruhen lassen. Alternativ 250 g fertigen Mürbeteig verwenden.

2 Den Backofen auf 180 °C Umluft vorheizen. Die restliche Butter mit dem Öl in einer 23–25 cm großen, ofenfesten Pfanne erhitzen. Die Schalotten mit der Schnittseite nach unten hineinlegen und 10 Minuten sanft bräunen. Wenden und weitere 5 Minuten garen. Den Essig und 2 EL Wasser dazugeben, dann vom Herd nehmen. Die Thymianzweige zwischen die Schalotten legen.

3 Den Teig kreisförmig etwas größer als den Pfannendurchmesser ausrollen. Den Teig über die Schalotten legen, den Rand einpassen und an den Seiten in die Pfanne drücken. Im heißen Ofen 30 Minuten goldbraun backen.

4 Die Pfanne aus dem Ofen nehmen und leicht aufklopfen, um die Schalotten zu lösen. Mit einem Messer am Rand vorsichtig entlangfahren, um den Teig zu lösen. Einen großen Teller auflegen und die Tarte daraufstürzen. Warm mit einem grünen Salat servieren.

Kürbis-Gorgonzola-Tarte

FÜR **4–6 PERSONEN** **VORBEREITUNG** **25 MIN. PLUS 40 MIN. RUHEZEIT** **GARZEIT** **1 STD. 30 MIN.**

Diese Tarte schmeckt besonders im Herbst köstlich, wenn Kürbis und Spinat Saison haben. Sie können den Spinat durch Mangold ersetzen.

1 Den Backofen auf 160 °C Umluft vorheizen. Den Teig auf einer leicht bemehlten Arbeitsfläche 3 mm dünn rund (etwas größer als eine 20-cm-Tarteform mit losem Boden) ausrollen. Den Boden in die Tarteform einpassen und 30 Minuten im Kühlschrank ruhen lassen.

2 Die Kürbisscheiben in einen Bräter legen und mit Öl bestreichen. Im heißen Backofen 30 Minuten backen, bis sie gar sind. In der Zwischenzeit den Spinat mit etwas Öl in einem Topf bei mittlerer Hitze 4 Minuten garen, bis er zusammenfällt. Abtropfen und abkühlen lassen. Eier, Eigelb, Crème double, Parmesan und Muskatnuss verrühren und mit Salz und Pfeffer würzen.

3 Den Teigboden mit einem zurechtgeschnittenen Stück Backpapier bedecken und mit getrockneten Hülsenfrüchten beschweren. Den Teig im heißen Ofen 15 Minuten blindbacken. Hülsenfrüchte und Papier herausheben und nochmals 10 Minuten backen.

4 Den Spinat ausdrücken, auf dem Tarteboden verteilen und dann mit Kürbis und Gorgonzola belegen. Die Eimischung darübergießen und die Tarte im heißen Ofen 30–40 Minuten backen, bis das Ei gestockt ist. Aus dem Ofen nehmen und vor dem Servieren 10 Minuten ruhen lassen.

ZUTATEN

- 250 g fertiger Mürbeteig
- Mehl zum Bestäuben
- 450 g Kürbis, geschält, halbiert, entkernt und in dicke Scheiben geschnitten
- 1–2 EL Olivenöl
- 400 g Spinat
- 2 große Eier
- 1 Eigelb
- 300 g Crème double
- 50 g frisch geriebener Parmesan
- 1 Prise frisch geriebene Muskatnuss
- Salz und frisch gemahlener schwarzer Pfeffer
- 120 g Gorgonzola, zerkrümelt

Gefüllte Riesenchampignons im Teigmantel

FÜR **4 PERSONEN** VORBEREITUNG **30 MIN.** GARZEIT **45 MIN.**

Maronen ergeben eine köstliche Füllung für Champignons. Neue Kartoffeln und eine Auswahl an jungem Gemüse passen hervorragend zu den Teigtaschen.

ZUTATEN

1 EL Olivenöl
1 EL Butter
1 Zwiebel, fein gehackt
1 Selleriestange, fein gehackt
250 g Maronen (vorgegart und vakuumiert)
2 EL gehackte frische glatte Petersilie
2 EL gehackter frischer Thymian
1 TL abgeriebene Bio-Zitronenschale
2 EL Pilz-Ketchup oder Worcestersauce
60 g Vollkorn-Semmelbrösel
Salz und frisch gemahlener schwarzer Pfeffer
2 kleine Eier
4 Riesenchampignons (Portobello), geschält, Stiele aufbewahrt
450 g Blätterteig

Für die Sauce

2 EL Sonnenblumenöl
175 g braune Champignons, fein gehackt
1 Knoblauchzehe, zerdrückt
150 ml trockener Cidre
200 g Crème double
2 TL gehackter frischer Thymian

1 Öl und Butter in einem Topf erhitzen und Zwiebel und Sellerie darin unter Rühren 3 Minuten leicht bräunen. Vom Herd nehmen, die Maronen zufügen und mit der Gabel zerdrücken. Kräuter, Zitronenschale, Ketchup und Semmelbrösel einrühren, mit Salz und Pfeffer würzen. Ein Ei verschlagen, in die Masse rühren und die Pilze damit füllen.

2 Den Backofen auf 180 °C Umluft vorheizen. Den Blätterteig in 4 Stücke schneiden und von jedem ein Drittel abschneiden. Die Drittel kreisförmig ausrollen, bis sie jeweils 2 cm größer sind als die Pilzköpfe. Ein Backblech mit Backpapier auslegen, die Teigkreise darauflegen und jeweils einen gefüllten Pilz in die Mitte setzen. Das zweite Ei verschlagen und die Teigränder damit einstreichen.

3 Den restlichen Teig zu Kreisen ausrollen, die 8 cm größer sind als die Pilzköpfe. Über die Pilze legen und die Ränder andrücken. Den Rand nochmals einschlagen und mit dem Messergriff wellig eindrücken. Ein Loch in die Teigtaschen einstechen, damit der Dampf entweichen kann. Aus den Teigrändern nach Wunsch Blätter formen und die Taschen damit verzieren. Mit dem restlichen Ei bestreichen. Im heißen Ofen 40 Minuten backen, bis die Taschen goldbraun und die Pilze gar sind.

4 In der Zwischenzeit die Sauce zubereiten: Das Sonnenblumenöl in einem Topf erhitzen und die Champignons, die gehackten Stiele und den Knoblauch hineingeben. Bei mittlerer Hitze unter Rühren 3 Minuten braten, bis sie weich sind und die Flüssigkeit verkocht ist.

5 Den Cidre zugeben und bei mittlerer Hitze 2 Minuten auf die Hälfte einkochen lassen. Crème double, Thymian und 6 EL Wasser einrühren. Unter Rühren 3 Minuten kochen, bis die Sauce andickt. Mit Salz und Pfeffer würzen. Die Teigtaschen auf Teller verteilen und mit der Sauce servieren.

Wildpilz-Taleggio-Tarte

FÜR 6 PERSONEN **VORBEREITUNG 20 MIN.** **GARZEIT 50 MIN.**

Mit dieser kräftigen Tarte können Sie Ihre Gäste verwöhnen. Dazu passen neue Kartoffeln und ein leichter Salat aus Brunnenkresse und Orangen.

ZUTATEN

350 g fertiger Mürbeteig
Mehl zum Bestäuben
2 EL Olivenöl
150 g Waldpilzmischung, größere Pilze in Stücke geschnitten
150 g braune Champignons, grob gehackt
25 g getrocknete Steinpilze, 30 Minuten in kochendem Wasser eingeweicht, dann abgetropft
3 Knoblauchzehen, fein gehackt
50 g Haselnusskerne, geröstet und grob gehackt
Salz und frisch gemahlener schwarzer Pfeffer
1 Handvoll frische glatte Petersilie, fein gehackt
3 EL Crème double
1 Ei, leicht verschlagen
200 g Taleggio, in Scheiben geschnitten
1 Prise Paprikapulver edelsüß

1 Den Backofen auf 180 °C Umluft vorheizen. Den Teig auf einer leicht bemehlten Arbeitsfläche 5 mm dünn ausrollen und eine 35 × 12 cm große, rechteckige Backform mit losem Boden und 2,5 cm hohem Rand damit auslegen. Überstehenden Teig abschneiden. Den Boden mit der Gabel mehrfach einstechen und mit Backpapier auslegen. Mit getrockneten Hülsenfrüchten beschweren und den Teig 15 Minuten blindbacken, bis der Rand goldgelb wird. Backpapier und Hülsenfrüchte herausnehmen und den Boden weitere 5 Minuten knusprig backen. Die Ofentemperatur auf 160 °C reduzieren.

2 In der Zwischenzeit die Füllung zubereiten: Das Öl in einer großen Pfanne erhitzen und alle Pilze bei mittlerer Hitze darin 10 Minuten braten. Knoblauch und Nusskerne einrühren und mit Salz und Pfeffer würzen.

3 Die Pilzmischung in einer großen Schüssel mit der Petersilie, der Crème double und dem Ei vermischen. Die Füllung auf dem Tarteboden verteilen und mit Käse bestreuen. Mit Paprikapulver bestäuben und die Tarte im heißen Ofen 15–20 Minuten goldbraun backen, bis das Ei gestockt ist. Herausnehmen, 10 Minuten ruhen lassen und dann aus der Form lösen.

Artischocken-Tomaten-Tarte mit Oliven und Feta

FÜR 4–6 PERSONEN   VORBEREITUNG 15 MIN.   GARZEIT 1 STD.

Diese wunderbare mediterrane Tarte steckt voller Aromen. Ist frischer Thymian nicht erhältlich, lässt er sich durch ein paar Prisen getrocknetes Oregano ersetzen.

1 Den Backofen auf 180 °C Umluft vorheizen. Den Teig auf einer leicht bemehlten Arbeitsfläche ausrollen und eine 35 × 12 cm große Tarteform mit gewelltem Rand und losem Boden damit auslegen. Überstehenden Teig abschneiden. Den Boden mit der Gabel mehrfach einstechen und mit Backpapier auslegen. Mit getrockneten Hülsenfrüchten beschweren und 15–20 Minuten blindbacken, bis der Teigrand goldgelb ist. Backpapier und Hülsenfrüchte herausnehmen und den Boden dünn mit Ei einstreichen, dann nochmals 5 Minuten knusprig backen. Herausnehmen und zur Seite stellen. Die Ofentemperatur auf 160 °C reduzieren.

2 Das Öl in einer Pfanne bei niedriger Hitze erhitzen und die Zwiebel darin 5 Minuten sanft glasig schwitzen. Den Knoblauch dazugeben und nochmals einige Sekunden braten. Zwiebel und Knoblauch auf dem Boden der Tarte verteilen. Die Artischocken längs der Mitte auflegen, Tomaten und Oliven in Streifen daneben anrichten. Abschließend Feta und Thymianblätter darüberstreuen.

3 Die Crème double mit den 2 Eiern verrühren und kräftig mit Salz und Pfeffer würzen. Vorsichtig über der Tartefüllung verteilen. Die Tarte im heißen Ofen 25–35 Minuten backen, bis das Ei gestockt und der Teig aufgegangen und goldbraun ist. Die Tarte 10 Minuten abkühlen lassen, dann aus der Form lösen. Warm oder auf Zimmertemperatur abgekühlt mit Rucola-Tomaten-Salat servieren.

ZUTATEN

250 g fertiger Mürbeteig
Mehl zum Bestäuben
2 Eier, plus 1 leicht verschlagenes Ei zum Bestreichen
1 EL Olivenöl
1 Zwiebel, fein gehackt
2 Knoblauchzehen, fein gehackt
400 g Artischockenherzen (aus der Dose), abgetropft
6 halbgetrocknete Tomaten
12 entsteinte schwarze Oliven
175 g Feta, gewürfelt
einige Zweige frischer Thymian, Blätter abgezupft
200 g Crème double
Salz und frisch gemahlener schwarzer Pfeffer
Rucola-Tomaten-Salat zum Servieren

Lauch-Tomaten-Tartelettes mit Walnüssen und Salbei

FÜR **4 PERSONEN** VORBEREITUNG **30 MIN. PLUS 30 MIN. RUHEZEIT** GARZEIT **15 MIN.**

Zu diesen knusprigen Tartelettes passen neue Kartoffeln und ein knackiger grüner Salat. Die knusprig gebratenen Salbeiblätter geben ein ganz besonderes Aroma.

ZUTATEN

500 g Blätterteig, tiefgekühlten Teig vorher auftauen
60 g Butter
4 Lauchstangen, in dicke Ringe geschnitten
12 Kirschtomaten, halbiert
60 g Walnusskerne, grob gehackt
1 EL gehackter frischer Salbei, plus 1 kleine Handvoll Salbeiblätter zum Garnieren
Salz und frisch gemahlener schwarzer Pfeffer
2 Eier, verschlagen
4 EL Mayonnaise
Sonnenblumenöl zum Braten

1 Den Blätterteig vierteln und zu 15 × 18 cm großen Rechtecken ausrollen. Auf zwei mit Backpapier ausgelegte Backbleche legen. Für die Seitenwände der Tartelettes rundherum einen etwa 2 cm breiten Rand leicht einritzen, den Teig aber nicht durchschneiden. Den Teig 30 Minuten ruhen lassen.

2 In der Zwischenzeit die Füllung zubereiten: Die Butter in einem Topf zerlassen und den Lauch darin unter Rühren 2 Minuten andünsten, aber nicht bräunen. Die Temperatur reduzieren, den Deckel auflegen und den Lauch 4 Minuten kochen, bis er weich, aber noch grün ist und noch nicht zerfällt. In einer Schüssel abkühlen lassen, dann Tomaten, Walnusskerne und Salbei dazugeben und mit Salz und Pfeffer würzen.

3 Den Backofen auf 180 °C Umluft vorheizen. Die Ränder der Tartelettes mit ein wenig verschlagenem Ei einstreichen. Das restliche Ei mit der Mayonnaise verrühren und unter die Gemüsemischung heben. Die Mischung gleichmäßig auf die Tartelettes verteilen, dabei die Ränder frei lassen. Im heißen Ofen 20 Minuten backen, bis das Ei gestockt und der Teig aufgegangen und goldbraun ist.

4 In der Zwischenzeit Öl 1 cm hoch in eine Pfanne füllen und erhitzen, aber nicht rauchend. Die Salbeiblätter mit einem Schaumlöffel ins heiße Fett geben. Ein Paar Sekunden frittieren, bis das Öl aufhört zu sprudeln und die Blätter noch kräftig grün sind. Herausheben und auf Küchenpapier abtropfen lassen. Die Tartelettes kurz vor dem Servieren mit den Salbeiblättern garnieren.

Spargel-Käse-Taschen

ERGIBT 9 TASCHEN   VORBEREITUNG 20 MIN.   GARZEIT 22–27 MIN.

Die knusprigen Taschen eignen sich gut als leichter Snack zum Mittag oder für ein Picknick in der Sonne. Dank fertig gekauftem Blätterteig sind sie schnell zubereitet.

ZUTATEN

Salz
100 g Spargelspitzen, in 1 cm lange Streifen geschnitten
50 g reifer Cheddar, gerieben
3 EL frische Schnittlauchröllchen
frisch gemahlener schwarzer Pfeffer
500 g Blätterteig
Mehl zum Bestäuben
1 Ei, verschlagen, zum Bestreichen
Paprikapulver zum Bestäuben
Blattsalat zum Servieren

1 In einem kleinen Topf Salzwasser zum Kochen bringen und den Spargel darin 2 Minuten blanchieren. In ein Sieb abgießen, mit kaltem Wasser abschrecken und abtropfen lassen. Den Spargel mit Käse, Schnittlauch und reichlich Pfeffer vermengen und zur Seite stellen.

2 Den Teig auf der bemehlten Arbeitsfläche zu einem 30 cm großen und 5 mm dünnen Quadrat ausrollen. Die Ränder gerade schneiden und das große Quadrat dann in 9 kleinere Quadrate gleicher Größe teilen. Die Ränder mit etwas Wasser bestreichen. Die Spargelfüllung auf die Quadrate verteilen. Dabei die Masse auf eine dreieckige Hälfte jedes Quadrats geben. Den Teig diagonal über die Füllung falten, sodass dreieckige Taschen entstehen, die Ecken aufeinanderlegen und die Ränder verschließen. Mit einem Messergriff den Rand wellig andrücken.

3 Den Backofen auf 180 °C Umluft vorheizen. Die Taschen mit genügend Abstand zueinander auf ein leicht gefettetes Backblech legen. In jede Tasche ein Loch für den Dampf einstechen, dann die Taschen mit Ei bestreichen und mit Paprikapulver bestäuben. Im heißen Ofen 20–25 Minuten goldbraun backen. Warm oder kalt mit Blattsalat servieren.

Spanakopita

FÜR 6 PERSONEN   VORBEREITUNG 20 MIN.   GARZEIT 1 STD.

Diese mit Spinat und Feta gefüllte und mit Muskatnuss abgeschmeckte Pastete wird besonders knusprig, wenn Sie jede Lage Filoteig mit Butter bestreichen.

1 Den Backofen auf 180 °C Umluft vorheizen. Das Öl in einer großen Pfanne erhitzen und die Zwiebel darin 2–3 Minuten anschwitzen. Mit Salz und Pfeffer würzen. Den Spinat in einer zweiten Pfanne in 4 Portionen zu je 250 g bei niedriger Hitze jeweils 4–5 Minuten schmoren, bis er zusammenfällt. Herausnehmen und zur Seite stellen.

2 Feta, Muskatnuss und Dill in einer Schüssel verkneten und mit reichlich Pfeffer würzen. Die Eier einrühren. Überschüssiges Wasser aus dem Spinat herausdrücken und dann mit den Zwiebeln in die Fetamischung einrühren.

3 Eine flache Auflaufform (1,4 l) mit etwas Butter einstreichen. Ein Blatt Filoteig hineinlegen und mit Butter bestreichen. Das zweite Blatt im rechten Winkel zum ersten hineinlegen und wieder mit Butter bestreichen. Das dritte Blatt wieder im rechten Winkel dazu hineinlegen.

4 Die Spinatmischung auf dem Teigboden verteilen und die Ränder der rechtwinklig angesetzten Teigblätter über der Füllung zusammenfalten. Das nächste Teigblatt auflegen und die überstehenden Teigränder am Rand der Form einstecken. Mit Butter bestreichen, ein weiteres Teigblatt auflegen und einstecken, dann das letzte Teigblatt auflegen. Mit der restlichen Butter bestreichen. Die Auflaufform auf ein Backblech setzen.

5 Im heißen Ofen 20–25 Minuten backen, bis die Spanakopita goldbraun und knusprig ist. Aus dem Ofen heben und 5–10 Minuten abkühlen lassen. Dann mit Tomatensalat servieren.

ZUTATEN

1 EL Olivenöl
½ Zwiebel, fein gehackt
Salz und frisch gemahlener schwarzer Pfeffer
1 kg Spinat
250 g Feta, zerkrümelt
1 Prise frisch geriebene Muskatnuss
1 Handvoll frischer Dill, fein gehackt
3 Eier
2 EL Butter, zerlassen
6 Blätter Filoteig
Tomatensalat zum Servieren

Vier Variationen mit
Paprika

Roter Paprikasalat ▶

ZUBEREITUNG 35 Min. **FÜR** 4 Pers.

3 EL **Olivenöl** in einer großen Pfanne erhitzen. 6 entkernte, in Streifen geschnittene **Paprikaschoten** und 2 fein gehackte **Knoblauchzehen** bei niedriger Hitze unter Rühren 5 Minuten braten. 250g reife, gehäutete, entkernte und gehackte **Tomaten** dazugeben. Kurz aufkochen, die Temperatur auf niedrige Hitze reduzieren, zudecken und 12–15 Minuten kochen lassen. 2 EL gehackte **Petersilie** einrühren, mit **Salz** und frisch gemahlenem **schwarzem Pfeffer** würzen und 2 Minuten kochen. In eine Schüssel umfüllen. 1 EL **Sherryessig** in die Pfanne geben, die Temperatur erhöhen und 5–7 Minuten einkochen. Die Sauce über die Paprika geben und abkühlen lassen.

◀ Nudeln mit gerösteter Paprika

ZUBEREITUNG 35 Min. **FÜR** 4 Pers.

6 rote **Paprikaschoten** rösten, häuten (siehe S. 238) und in Streifen schneiden. 1 EL **Butter** und 3 EL **Olivenöl** in einer Pfanne sanft erhitzen und 2 gehackte **Knoblauchzehen**, 1 rote und 1 grüne, entkernte und gehackte **Chilischote** darin 2 Minuten andünsten, aber nicht bräunen. 1 gute Prise getrockneten **Oregano** und 1 EL **Thymianblätter** dazugeben. 350g **Penne** nach Packungsanweisung kochen. Abgießen und etwas Kochflüssigkeit auffangen. Die Nudeln wieder in den Topf geben, die Paprika dazugeben und mit 25g geriebenem **Pecorino** vermischen. Mit **Chiliöl** beträufelt servieren.

Je reifer Paprika werden – von Grün über Gelb und Orange bis Rot – desto süßer werden sie. Beim Kauf fest und glänzend, halten sie sich gekühlt bis zu 2 Wochen. Geschnitten innerhalb von 24 Stunden verzehren.

Bruschetta mit Paprika ►

ZUBEREITUNG 1 Std. **FÜR** 4 Pers.

1 rote und 1 gelbe **Paprikaschote** entkernen und in Streifen schneiden. Dann mit etwas **Öl** in eine Pfanne geben und mit **Salz** und frisch gemahlenem **schwarzem Pfeffer** würzen. Braten, bis die Paprika beginnen, weich zu werden. Die Temperatur erhöhen, 1 Spritzer **Balsamico-Essig** dazugeben und ein paar Minuten kochen. 4 **Ciabatta-Scheiben** toasten. 1 **Knoblauchzehe** halbieren und mit der Schnittseite über das Brot reiben. Die Paprikamischung auf die Brotscheiben verteilen und heiß mit ein paar **Basilikumblättern** garniert servieren.

◄ Paprika-Walnuss-Dip

ZUBEREITUNG 50 Min. **FÜR** 8 Pers.

90 ml **Olivenöl** bei niedriger Hitze in einer Pfanne erhitzen und 1 in Ringe geschnittene **Zwiebel** darin 5 Minuten glasig dünsten. 4 rote, entkernte und in Streifen geschnittene **Paprikaschoten** dazugeben und unter regelmäßigem Rühren 30 Minuten weich garen. 2 zerdrückte **Knoblauchzehen** einrühren und weitere 30 Sekunden glasig schwitzen. Die Paprikamischung mit 125 g gerösteten und gehackten **Walnusskernen** und der abgeriebenen Schale und dem Saft von 1 **Bio-Zitrone** in eine Schüssel geben und mit dem Stabmixer stückig pürieren. Als Dip zu Brot oder rohen Gemüsestiften wie Möhren und Gurken servieren.

Gemüse-Samosas

FÜR **4 PERSONEN** VORBEREITUNG **45 MIN. PLUS 35 MIN. RUHE- UND KÜHLZEIT** GARZEIT **35–40 MIN.**

Diese indischen Teigtaschen können heiß oder kalt gegessen werden. Original werden sie in Ghee frittiert, einer geklärten Butter, die stark erhitzt werden kann.

ZUTATEN

350g Weizenmehl, plus etwas mehr zum Bestäuben
Salz und frisch gemahlener schwarzer Pfeffer
9 EL Ghee oder Sonnenblumenöl, plus etwas mehr zum Frittieren
450g Kartoffeln, abgebürstet
250g Blumenkohl, in einzelne Röschen zerteilt
175g Erbsen (tiefgekühlte Erbsen auftauen)
2 Schalotten, in dünne Ringe geschnitten
2 EL Currypaste (nach Geschmack)
2 EL gehacktes frisches Koriandergrün
1 EL frisch gepresster Limettensaft

1 Den Teig zubereiten: Das Mehl mit ½ TL Salz in eine Schüssel sieben. 6 EL Ghee oder Öl einrühren und nach und nach mit 120ml Wasser zu einem Teig verarbeiten. Den Teig auf einer bemehlten Arbeitsfläche geschmeidig kneten. In Frischhaltefolie eingewickelt mindestens 30 Minuten ruhen lassen.

2 In der Zwischenzeit die Füllung zubereiten: Die Kartoffeln in einem Topf mit kochendem Wasser gar kochen. Abgießen, abkühlen lassen, pellen und klein schneiden. Den Blumenkohl in einem Topf mit kochendem Wasser 2–3 Minuten blanchieren, dann abgießen. Frische Erbsen mit dem Blumenkohl blanchieren.

3 Das restliche Öl in einer Pfanne erhitzen und die Schalotten darin unter häufigem Rühren 3–4 Minuten glasig schwitzen. Die Currypaste einrühren, dann Kartoffeln, Blumenkohl, Erbsen, Koriander und Limettensaft dazugeben und bei niedriger Hitze unter gelegentlichem Rühren 2–3 Minuten braten. Zur Seite stellen und abkühlen lassen.

4 Den Teig in 8 gleich große Stücke teilen und jeweils zu einem 18cm großen Kreis ausrollen. Jeden Kreis halbieren und zu einem Kegel formen. Die Ränder anfeuchten, damit sie kleben. Etwas Füllung in jeden Kegel geben, den oberen Rand anfeuchten, über der Füllung zusammenfalten und andrücken. Fortfahren, bis alle Taschen gefüllt sind.

5 Ghee oder Öl in der Fritteuse auf 180°C erhitzen oder bis ein altbackener Brotwürfel darin innerhalb von 30 Sekunden bräunt. Die Samosas darin portionsweise 3–4 Minuten goldbraun frittieren. Auf Küchenpapier abtropfen lassen und heiß servieren.

Mais-Paprika-Empanadas

ERGIBT **24 EMPANADAS** VORBEREITUNG **45 MIN. PLUS 30 MIN. KÜHLZEIT** GARZEIT **40–50 MIN.**

Diese spanischen Teigtaschen sind ein vielseitiger Snack. Als Hauptspeise formt man sie größer (als Schablone dient ein Kuchenteller). Die Backzeit bleibt identisch.

1 Den Teig zubereiten: Das Mehl mit 1/2 TL Salz in eine große Schüssel sieben. Die Butter mit den Fingern einarbeiten, bis Streusel entstehen. Mit verschlagenem Ei und 4–6 EL Wasser zu einem Teig verkneten. Den Teig in Frischhaltefolie einwickeln und 30 Minuten in den Kühlschrank legen.

2 Das Öl in einer Pfanne erhitzen und die Zwiebel darin 3 Minuten glasig schwitzen. Die Paprika dazugeben und unter häufigem Rühren weitere 3 Minuten braten. Tomaten, Tomatenmark und Paprikapulver hinzufügen und mit Salz und Pfeffer würzen. Die Pfanne halb zudecken und die Mischung unter gelegentlichem Rühren 5 Minuten einkochen lassen. Gehackte Eier und Petersilie einrühren.

3 Den Backofen auf 170 °C Umluft vorheizen. Den Teig 3 mm dünn ausrollen und 24 Kreise à 9 cm ausstechen. Auf jeden Teigkreis 1 gehäuften TL Füllung geben. Die Ränder mit Wasser bestreichen, den Teig über der Füllung zusammenfalten und andrücken.

4 Die Empanadas auf ein geöltes Backblech legen und mit etwas Ei bestreichen. Im Backofen 25–30 Minuten goldbraun backen und warm servieren.

ZUTATEN

450 g Weizenmehl, plus etwas mehr zum Bestäuben
Salz
85 g Butter, gewürfelt
2 Eier, verschlagen, plus etwas mehr zum Bestreichen
1 EL Olivenöl
1 Zwiebel, fein gehackt
1 grüne Paprikaschote, entkernt und fein gehackt
2 Tomaten, gehackt
2 TL Tomatenmark
1 TL Paprikapulver edelsüß
frisch gemahlener schwarzer Pfeffer
2 hart gekochte Eier, gehackt
2 EL fein gehackte frische Petersilie

Mediterraner Gemüseauflauf mit Feta-Filoteig-Haube

FÜR 4 PERSONEN VORBEREITUNG 35 MIN. GARZEIT 45–50 MIN.

Der Auflauf schmeckt heiß wie kalt köstlich. Wer mag, kann den Filoteig mit Öl statt mit Butter bestreichen – allerdings wird er mit Butter knuspriger.

ZUTATEN

2 EL Olivenöl
1 rote Zwiebel, gehackt
1 Knoblauchzehe, zerdrückt
1 rote Paprikaschote, entkernt und in kleine Stücke geschnitten
1 grüne Paprikaschote, entkernt und in kleine Stücke geschnitten
1 Aubergine, längs halbiert und in Scheiben geschnitten
1 große Zucchini, in Scheiben geschnitten
4 Tomaten, gehackt
1 TL getrockneter Oregano
1 kleine Handvoll entsteinte schwarze Oliven, halbiert
Salz und frisch gemahlener schwarzer Pfeffer
50 g Butter, zerlassen
6 Blätter Filoteig
200 g Feta, gewürfelt
grüner Salat zum Servieren

1 Das Öl in einem großen Topf erhitzen und Zwiebel und Knoblauch mit dem Gemüse unter Rühren 3 Minuten anbraten, bis sie beginnen weich zu werden. Zudecken, die Temperatur reduzieren und alles unter gelegentlichem Rühren 20 Minuten sanft köcheln.

2 Oregano und Oliven einrühren und mit etwas Salz und Pfeffer vorsichtig würzen – Käse und Oliven sind bereits salzig. Zur Seite stellen und abkühlen lassen.

3 Den Backofen auf 180 °C Umluft vorheizen. Eine flache, rechteckige Auflaufform (1,4 l) mit etwas Butter einfetten. Mit einem Blatt Filoteig auslegen und mit Butter bestreichen. Ein zweites Teigblatt im rechten Winkel dazu darauflegen und wieder mit Butter bestreichen. Das dritte Blatt wieder im rechten Winkel dazu auflegen.

4 Die Füllung auf den Teig geben, mit Käse bestreuen und leicht andrücken. Die Teigränder über der Füllung zusammenfalten. Ein Teigblatt darüberlegen und die überstehenden Ränder am Rand der Form einstecken. Mit Butter bestreichen, ein weiteres Teigblatt auflegen und einstecken, dann das letzte Teigblatt darüberlegen und mit der restlichen Butter bestreichen. Die Auflaufform auf ein Backblech stellen.

5 Im heißen Ofen 20–25 Minuten backen, bis der Teig goldbraun und knusprig ist. Herausnehmen und 5–10 Minuten abkühlen lassen, dann mit grünem Salat servieren.

Gegrilltes & Gebackenes

Auberginen-Köfte mit Zaziki

ERGIBT **8 KÖFTE** VORBEREITUNG **20 MIN.** GARZEIT **6–9 MIN.**

Mit Couscous und Salat oder mit Salat in Pitabrot serviert, sind die Köfte ein leckeres Hauptgericht. Vor der Zubereitung 8 Holzspieße in kaltem Wasser einweichen.

ZUTATEN

1 große Aubergine
2–3 EL Olivenöl
120 g Semmelbrösel
2 Knoblauchzehen, zerdrückt
1 kleine Zwiebel, gerieben
2 TL gemahlener Kreuzkümmel
1 TL gemahlener Koriander
1 TL getrocknete Minze
2 EL gehacktes frisches Koriandergrün
1 Ei, verschlagen
Salz und frisch gemahlener schwarzer Pfeffer
Zitronenspalten zum Garnieren
Couscous und gemischter Salat zum Servieren

Für den Zaziki

150 g griechischer Joghurt
1 Knoblauchzehe, zerdrückt
1 Stück Gurke (5 cm), geschält und gerieben
2 TL getrocknete Minze

1 Eine Grillpfanne erhitzen. Die Aubergine in Scheiben schneiden. Die Scheiben mit Öl bestreichen und portionsweise von jeder Seite 2–3 Minuten braten, bis sie weich und gebräunt sind. Anschließend fein hacken und in einer Schüssel mit den restlichen Köfte-Zutaten vermischen. Mit Salz und Pfeffer würzen. Die Mischung mit den Händen gründlich durchkneten.

2 Die Köfte-Mischung in 8 gleiche Portionen teilen und um die eingeweichten Holzspieße zu Zylindern formen, die etwa ein Drittel der Spießlänge einnehmen.

3 Mit Öl bestreichen und auf eine Grillschale legen. In etwa 5 cm Abstand zur Hitzequelle unter einmaligem Wenden 8 Minuten goldbraun und gar grillen.

4 In der Zwischenzeit die Zaziki-Zutaten in einer Schüssel vermischen, mit Salz und Pfeffer würzen und bis zum Verzehr kalt stellen.

5 Die Köfte mit Zitronenspalten garnieren und mit Zaziki, Couscous und gemischtem Salat servieren.

Kohlrabi-Kartoffel-Gratin

FÜR **4–6 PERSONEN** VORBEREITUNG **15–20 MIN.** GARZEIT **1 STD. 30 MIN.**

Diese Gratinversion ist eine nette Abwechslung zum üblichen Kartoffelgratin. Der Kohlrabi gibt ihm eine erdige und knackige Kohlnote.

1 Den Backofen auf 160 °C Umluft vorheizen. Eine 20 cm große Gratinform mit Butter einfetten.

2 Kartoffeln und Kohlrabi mit der Mandoline in 3 mm dünne Scheiben schneiden. Die Scheiben mit kaltem Wasser abspülen, abtropfen lassen und mit Küchenpapier oder einem sauberen Küchenhandtuch trocken tupfen.

3 Kartoffel- und Kohlrabischeiben in die vorbereitete Form einschichten und mit Salz und Pfeffer würzen.

4 Die Crème double mit Knoblauch und Muskatnuss in einem Topf zum Kochen bringen, dann über die Kartoffeln geben. Zum Schluss ein paar Butterflocken aufsetzen.

5 Die Form mit Alufolie abdecken und das Gratin 1–1½ Stunden im heißen Ofen backen, bis das Gemüse weich ist. Während der letzten 10 Minuten die Folie abnehmen und die Temperatur erhöhen, damit das Gratin eine goldbraune Kruste erhält. Direkt aus dem Ofen heiß servieren.

ZUTATEN

3 EL Butter, streichfähig, plus etwas mehr zum Einfetten
450 g möglichst gleich große, festkochende Kartoffeln, geschält
450 g Kohlrabi, geputzt, geschält und geviertelt
Meersalz und frisch gemahlener schwarzer Pfeffer
600 g Crème double
1 Knoblauchzehe, halbiert
1 Prise frisch gemahlene Muskatnuss

Gegrillter Halloumi mit Gemüsestreifen

FÜR **4 PERSONEN** VORBEREITUNG **20 MIN. PLUS MARINIERZEIT** GARZEIT **6 MIN.**

Der mit Kräutern und Knoblauch marinierte Halloumi passt wunderbar zu den süßlichen Gemüsen. Garen Sie das Gemüse nicht zu lange – es sollte noch Biss haben.

ZUTATEN

1 Bio-Limette
8 EL Olivenöl
1 TL zerstoßene getrocknete Chilischote
1 TL getrockneter Oregano
½ TL getrocknete Minze
1 Knoblauchzehe, zerdrückt
Salz und frisch gemahlener schwarzer Pfeffer
250 g Halloumi, in 8 Scheiben geschnitten
arabisches Fladenbrot (Chubz), Oliven und eingelegte Chilischoten zum Servieren

Für die Gemüsestreifen

2 dünne Pastinaken, geschält
2 große Möhren, geschält
2 Zucchini
1 EL Sesamöl
2 EL Schwarzkümmelsamen
2 EL Sesamsamen

1 8 Holzspieße in Wasser einweichen. Die Schale der Limette in eine flache Schüssel reiben. Den Saft der Limette in eine andere Schüssel drücken. 6 EL Olivenöl mit der Limettenschale, der Hälfte des Limettensafts, Chilis, Kräutern, Knoblauch und reichlich Pfeffer verrühren. Die Käsescheiben darin wenden und mehrere Stunden oder über Nacht marinieren.

2 Die Gemüse mit dem Sparschäler in dünne Streifen schneiden. Die Gemüse dabei gut festhalten und nach jedem Abschälen weiterdrehen, um sie rundum zu schälen. Die dünne Mitte, von der sich nichts mehr abschälen lässt, kann für eine Suppe verwendet werden.

3 Das restliche Olivenöl in einer großen Pfanne oder im Wok erhitzen. Die Gemüsestreifen darin 2 Minuten pfannenrühren, bis sie beginnen weich zu werden. Den Deckel auflegen und das Gemüse weitere 2 Minuten braten, bis es gar ist, aber noch Biss hat. Sesamöl, den restlichen Limettensaft, Schwarzkümmel- und Sesamsamen dazugeben und durchschwenken. Mit Salz und Pfeffer leicht würzen. Die Pfanne vom Herd nehmen.

4 Eine geölte Grillpfanne oder den Grill vorheizen. Den Käse aus der Marinade heben und jede Scheibe auf einen Holzspieß stecken. Von jeder Seite 1 Minute grillen und dabei mit dem Pfannenwender andrücken, bis der Käse leicht gebräunt ist. Auf einen Teller geben und mit der restlichen Marinade beträufeln.

5 Die Gemüsestreifen bei starker Hitze unter Schwenken nochmals erwärmen. Auf Teller verteilen, den Käse darauf anrichten und mit Fladenbrot, Oliven und eingelegten Chilischoten servieren.

Gegrillte Spitzpaprika mit Chili-Käse-Füllung

FÜR **4 PERSONEN** VORBEREITUNG **15 MIN.** GARZEIT **20 MIN.**

Die gefüllten Spitzpaprika sind als leichtes Mittagessen köstlich. Für eine dekorative Vorspeise benötigen Sie nur 8 Mini-Spitzpaprika mit der halben Menge Füllung.

ZUTATEN

4 große Spitzpaprikaschoten
250g Frischkäse
175g reifer Cheddar, gerieben
60g frische Semmelbrösel
1–2 grüne Chilischoten, entkernt und fein gehackt
2 EL gehackte frische Petersilie, plus etwas mehr zum Garnieren
2 EL gehacktes frisches Koriandergrün
Salz und frisch gemahlener schwarzer Pfeffer
Olivenöl
knuspriges Brot und gemischter Salat zum Servieren

1 Den Grill vorheizen. Das Strunkende der Paprikaschoten abschneiden und wegwerfen. Die Paprika an einer Seite längs aufschneiden und vorsichtig die Kerne und die weiße Haut entfernen, ohne die Schoten aufzubrechen.

2 Frischkäse, Cheddar, Semmelbrösel, Chilis und Kräuter vermengen und mit Salz und Pfeffer würzen. Die Käsemischung in die Paprika füllen.

3 Die Paprika auf eine geölte Grill-Alufolie oder Grillschale legen. Mit Öl bestreichen. Von jeder Seite 8–10 Minuten grillen, bis der Käse zerlaufen ist und Blasen bildet und die Paprikaschoten weich, aber nicht geschwärzt sind.

4 Die Paprika – mit dem köstlichen ausgelaufenen Käse – vorsichtig auf Teller legen. Mit ein wenig Öl beträufeln und mit Petersilie garnieren. Mit knusprigem Brot und gemischtem Salat sofort servieren.

Gegrillte Avocado mit Dressing aus halbgetrockneten Tomaten

FÜR **4 PERSONEN** VORBEREITUNG **10 MIN.** GARZEIT **8 MIN.**

Avocados schmecken auch warm köstlich, müssen aber reif sein – unreife Avocados schmecken bitter. Den Hüttenkäse können Sie hier auch durch Ricotta ersetzen.

1 Die Avocados halbieren und entsteinen. Schnittseite und Schale mit Olivenöl bestreichen.

2 Das Dressing zubereiten: Olivenöl, 2 EL aufgefangenes Tomatenöl, Balsamico, Knoblauch, Salz und Pfeffer verquirlen, dann halbgetrocknete Tomaten und Basilikum einrühren. Zur Seite stellen.

3 Eine Grillpfanne erhitzen. Die Oliven in den Hüttenkäse rühren und beiseitestellen. Die Avocados mit der Schnittseite nach unten in der Grillpfanne 3 Minuten bräunen, dabei mit dem Pfannenwender leicht andrücken. Wenden und nochmals 2–3 Minuten grillen, bis die Avocados heiß sind. Die Schale kann dabei ruhig ein wenig verbrennen, aber die Avocados dürfen nicht zu weich werden, da sie sonst eine unangenehme Konsistenz bekommen.

4 Die Avocadohälften auf Teller verteilen und den kalten Hüttenkäse in die Mitte füllen. Mit dem Dressing beträufeln und mit Walnuss- oder Mehrkornbrot und Brunnenkresse-Orangen-Salat servieren.

ZUTATEN

- 4 große oder 8 kleine reife Avocados
- 2 EL Olivenöl, plus etwas mehr zum Bestreichen
- 6 halbgetrocknete Tomaten in Öl, abgetropft und gehackt, Öl aufgefangen
- 1 EL weißer Balsamico-Essig
- 1 kleine Knoblauchzehe, zerdrückt
- Salz und frisch gemahlener schwarzer Pfeffer
- 2 EL gehacktes frisches Basilikum
- 2 EL entsteinte schwarze Oliven, gehackt
- 250 g Hüttenkäse, naturbelassen oder mit frischem Schnittlauch gewürzt
- Walnuss- oder Mehrkornbrot und Brunnenkresse-Orangen-Salat zum Servieren

Gemüseauflauf mit Rüben-Kartoffel-Haube

FÜR **4 PERSONEN** VORBEREITUNG **30 MIN.** GARZEIT **1 STD.**

Dieses gehaltvolle, aromenreiche Gericht wird selbst begeisterte Fleischesser überzeugen. Statt Steckrüben können Sie für die Haube auch Pastinaken verwenden.

ZUTATEN

1 EL Sonnenblumenöl
1 Zwiebel, fein gehackt
125 g weiße Champignons, in Scheiben geschnitten
2 Möhren, gerieben
2 Speiserüben, gerieben
60 g frisch gepalte Erbsen oder Tiefkühlware aufgetaut
2 × 400 g Borlotti-Bohnen (aus der Dose), abgewaschen und abgetropft
450 ml Gemüsebrühe
1 EL Sojasauce
1 EL Pilz-Ketchup oder Worcestersauce
1 TL Kräuter der Provence
Salz und frisch gemahlener schwarzer Pfeffer
4 EL Mehl
1 kleine Steckrübe, in kleine Stücke geschnitten
450 g Kartoffeln, geschält und in kleine Stücke geschnitten
1 EL Butter
4 EL Milch
frisch geriebene Muskatnuss
60 g kräftiger Cheddar, gerieben
gemischter grüner Salat zum Servieren

1 Das Öl in einem Topf erhitzen und die Zwiebel darin unter Rühren 3 Minuten goldbraun braten. Pilze, Möhren, Speiserüben, Erbsen und Borlotti-Bohnen zugeben. Dann Brühe, Sojasauce, Pilz-Ketchup oder Worcestersauce und Kräuter der Provence einrühren und mit Salz und Pfeffer würzen. Aufkochen, die Temperatur reduzieren, Deckel auflegen und alles 10 Minuten sanft köcheln lassen, bis das Gemüse gar ist. Das Mehl mit 4 EL Wasser verrühren. In den Topf geben und die Flüssigkeit unter Rühren 2 Minuten andicken lassen.

2 Während das Gemüse gart, Steckrübe und Kartoffeln in einem Topf mit kochendem Wasser 15 Minuten gar kochen. Abgießen, wieder in den Topf geben und bei niedriger Hitze kurz ausdampfen und trocknen lassen. Mit Butter, Milch, reichlich Muskatnuss und Pfeffer zu Püree zerstampfen. Mit einem Holzlöffel glatt rühren.

3 Den Backofen auf 170 °C Umluft vorheizen. Das Gemüse in eine große (1,7 l) oder vier kleinere Auflaufformen geben. Das Püree darüber verteilen und mit der Gabel auflockern. Mit dem Käse bestreuen und im heißen Ofen 40 Minuten goldbraun backen. Heiß mit einem gemischten grünen Salat servieren.

Kürbis-Tajine

FÜR **4 PERSONEN** VORBEREITUNG **20 MIN.** GARZEIT **50 MIN.**

Die meisten Kürbisse reifen, wenn der Sommer sich dem Ende zuneigt und der Herbst beginnt. Diese Tajine nutzt das reiche Angebot des frühen Herbstes.

ZUTATEN

4 EL Olivenöl
2 rote Zwiebeln, fein gehackt
1 große rote Paprikaschote, entkernt und gewürfelt
4 Knoblauchzehen, gehackt
1 daumengroßes Stück frische Ingwerwurzel, fein gehackt
1 TL Cayennepfeffer
1 TL gemahlener Zimt
2 TL geräuchertes Paprikapulver
2 TL gemahlener Koriander
1 EL gemahlener Kreuzkümmel
2 × 400 g gehackte Tomaten (aus der Dose)
600 ml Gemüsebrühe
2 EL flüssiger Honig
Salz und frisch gemahlener schwarzer Pfeffer
400 g Butternuss-Kürbis, geschält, halbiert, entkernt und gewürfelt
2 × 400 g Kichererbsen (aus der Dose), abgespült und abgetropft
100 g getrocknete Aprikosen, gehackt
1 Bund frisches Koriandergrün, Blätter gehackt
Couscous zum Servieren

1 Das Öl in einem großen Topf erhitzen und Zwiebeln, Paprika, Knoblauch und Ingwer darin bei niedriger Hitze 2 Minuten andünsten, aber nicht bräunen.

2 Cayennepfeffer, Zimt, Paprikapulver, Koriander und Kreuzkümmel dazugeben und weitere 2 Minuten bei niedriger Hitze rösten, bis die Gewürze zu duften beginnen. Tomaten, Brühe und Honig hinzufügen und mit Salz und Pfeffer würzen. Die Sauce bei mittlerer Hitze zum Kochen bringen, dann die Temperatur wieder reduzieren. Ohne Deckel 30 Minuten sanft köcheln lassen.

3 Kürbis, Kichererbsen und Aprikosen dazugeben und weitere 10–15 Minuten kochen, bis der Kürbis gar ist, aber noch nicht zerfällt. Falls nötig, noch etwas Wasser angießen. Noch einmal mit Salz und Pfeffer abschmecken und die gehackten Korianderblätter einrühren. Mit Couscous servieren.

Gratin dauphinois mit Emmentaler

FÜR 4–6 PERSONEN   VORBEREITUNG 25 MIN.   GARZEIT 1 STD.

Ein Gratin dauphinois ist ein wunderbar herzhaftes Abendessen. Der Emmentaler hebt die einfache Kartoffel, gibt ihr zusätzliche Würze und intensiviert das Aroma.

1 Den Backofen auf 180 °C Umluft vorheizen. Die Kartoffeln in einem großen Topf in Milch und Crème double 10–15 Minuten köcheln lassen, dann mit einem Schaumlöffel herausheben. Milch und Crème double aufbewahren.

2 Kartoffeln und Käse in eine große Gratinform schichten, mit Knoblauch bestreuen und mit Salz und Pfeffer würzen. Milch und Crème double darübergießen, mit Alufolie abdecken und 45 Minuten im heißen Ofen garen. 15 Minuten vor Ende der Garzeit die Alufolie abnehmen, damit das Gratin bräunt. Das Gratin mit grünen Bohnen oder einem Salat servieren.

ZUTATEN

- 1,5 kg Kartoffeln, geschält und in dünne Scheiben geschnitten
- 300 ml Milch
- 300 g Crème double
- 150 g Emmentaler, in Scheiben geschnitten
- 2 Knoblauchzehen, zerdrückt
- Salz und frisch gemahlener schwarzer Pfeffer
- grüne Bohnen oder ein Salat zum Servieren

Brunnenkresse-Rote-Bete-Roulade mit cremiger Käsesauce

FÜR **4 PERSONEN** VORBEREITUNG **30 MIN.** GARZEIT **18 MIN.**

Wenn Sie die köstliche Roulade kalt servieren, reichen Sie dazu eine Dill-Mayonnaise. Als alternative Füllung eignet sich die »Stückige Tomatensauce« von Seite 169.

ZUTATEN

Butter zum Einfetten
1 Bund Brunnenkresse, fein gehackt
2 EL gehackte frische Petersilie
2 EL frisch geriebener Parmesan, plus etwas mehr zum Bestreuen
4 Eier, getrennt

Für die Käsesauce

2 EL Mehl
300 ml Milch
1 EL Butter
½ TL scharfer Senf
60 g Cheddar, gerieben
Salz und frisch gemahlener schwarzer Pfeffer

Für die Füllung

100 g Crème fraîche
1 Frühlingszwiebel, fein gehackt
2 Rote Beten (ca. 125 g; vorgegart und vakuumiert), fein gehackt
1 EL gehackter frischer Dill, plus etwas mehr zum Garnieren (nach Wunsch)
1 Spritzer frisch gepresster Zitronensaft
frisch geriebene Muskatnuss

1 Die Sauce zubereiten: Das Mehl in einem kleinen Topf mit der Milch verrühren und dann die Butter dazugeben. Aufkochen und unter ständigem Rühren 2 Minuten kochen lassen, bis die Sauce andickt. Senf und Cheddar einrühren. Wenn der Käse geschmolzen ist, mit Salz und Pfeffer würzen. Ein Stück Backpapier auf den Topfdurchmesser zuschneiden, anfeuchten, direkt auf die Saucenoberfläche legen und warm stellen. So kann sich auf der Sauce keine Haut bilden.

2 Die Füllung zubereiten: Alle Zutaten in einem kleinen Topf vermischen und mit 1 großzügigen Prise Muskatnuss, Salz und Pfeffer würzen. Unter sanftem Rühren kräftig erhitzen. Warm halten.

3 Den Backofen auf 200 °C Ober-/Unterhitze vorheizen. Ein Biskuitrollen-Blech (18 × 28 cm; oder eine andere Backform dieser Größe) einfetten und mit zurechtgeschnittenem Backpapier auslegen.

4 Die Brunnenkresse mit Petersilie und Parmesan in eine Schüssel geben. Die Eigelbe und ein wenig Salz und Pfeffer hinzufügen. Die Eiweiße mit den Quirls des Handrührgeräts steif schlagen und mit einem Metalllöffel unter die Brunnenkressemischung heben. In der vorbereiteten Backform gleichmäßig ausstreichen und im heißen Ofen 8 Minuten backen, bis der Teig aufgegangen und golden ist.

5 Ein sauberes Küchentuch auf die Arbeitsfläche legen. Den Teig mit ein wenig geriebenem Parmesan bestreuen, ein Stück Backpapier auflegen und leicht andrücken. Den Teigboden damit auf das Tuch stürzen und das Backpapier des Backformbodens vorsichtig abziehen.

6 Die Füllung zügig auf dem Teig verstreichen. Einen schmalen Rand frei lassen. Den Boden mithilfe des Backpapiers zu einer Rolle formen. Auf einer Platte anrichten und mit Dill garnieren (nach Wunsch). In Scheiben schneiden und mit der Käsesauce servieren.

Vier Variationen mit Auberginen

Auberginen-Ziegenkäse-Crostini ▶

ZUBEREITUNG 30 Min. **FÜR** 4 Pers.

Backofen auf 160 °C Umluft vorheizen. 12 Scheiben **Baguette** beidseitig mit **Olivenöl** bestreichen, im Ofen 10 Minuten rösten, dann mit 1 halbierten **Knoblauchzehe** abreiben. 1 **Aubergine** quer in 5 mm dünne Scheiben schneiden, beidseitig mit Öl bestreichen und in der Grillpfanne gar rösten. Scheiben vierteln und in einer Schüssel mit 1 EL Olivenöl, 2 EL gehackter **Minze** und 1 EL **Balsamico-Essig** mischen. Mit **Salz** und frisch gemahlenem **schwarzem Pfeffer** würzen. Die Crostini mit 60 g **Ziegenfrischkäse** bestreichen, die Auberginen darauf verteilen und servieren.

◀ Auberginensalat

ZUBEREITUNG 35 Min. **FÜR** 6 Pers.

2 mittelgroße, geschälte **Auberginen** in Würfel (2 cm) schneiden. Zugedeckt 10 Minuten dünsten. Abkühlen lassen und ausdrücken. In einer Schüssel mit 60 g zerkrümeltem **Ziegenfrischkäse**, 2 reifen, entkernten und gewürfelten **Tomaten**, 1 kleinen, fein gewürfelten **roten Zwiebel**, 1 Handvoll gehackter **glatter Petersilie**, 60 g leicht gerösteten, grob gehackten **Walnusskernen** und 1 EL gerösteten **Sesamsamen** mischen. Für das Dressing 1 zerdrückte **Knoblauchzehe**, 4 EL **Walnussöl** und Saft von 1 **Zitrone** verrühren. Salat damit beträufeln, mit **Salz** und frisch gemahlenem **schwarzem Pfeffer** würzen und gut mischen.

Im Handel am häufigsten erhältlich sind die tiefvioletten Auberginen, es gibt aber auch die sehr hübsche marmorierte Sorte Rosa Bianca, die runde Prosperosa, die sich gut füllen lässt, sowie festere asiatische Sorten.

Tomaten-Auberginen-Confit ▶

ZUBEREITUNG 15 Min. plus Ruhezeit **FÜR** 6 Pers.

2 EL **Olivenöl** und 5 EL **Sonnenblumenöl** bei mittlerer Hitze in einer großen Pfanne rauchend erhitzen. 300 g **Auberginen**, in 7,5 cm lange Stifte geschnitten, unter Rühren 3 Minuten goldbraun frittieren. Abtropfen lassen. 4 EL **Knoblauchöl** in die Pfanne geben, 125 g halbierte **Kirschtomaten** darin 2 Minuten weich braten. Die Auberginen in einer Schüssel mit 10 klein gezupften **Basilikumblättern** und den Tomaten gut mischen. Abdecken und bis zu 1 Stunde durchziehen lassen. Mit **Salz** und frisch gemahlenem **schwarzem Pfeffer** würzen und warm servieren.

◀ Gegrillte Auberginen mit Granatapfel-Vinaigrette

ZUBEREITUNG 20 Min. **FÜR** 6 Pers.

Für die Vinaigrette 6 EL **Olivenöl**, 3 EL **Granatapfelsirup** und 3 EL gehacktes frisches **Koriandergrün** verrühren und mit **Salz** und frisch gemahlenem **schwarzem Pfeffer** würzen. Zur Seite stellen. Die Grillpfanne bei starker Hitze erhitzen. 3 große **Auberginen** in 1 cm dicke Scheiben schneiden. Von beiden Seiten mit Olivenöl bestreichen, würzen und von beiden Seiten grillen, bis sie weich sind. Die Auberginen und 2 sehr fein geschnittene **Schalotten** in eine Servierschüssel schichten und mit der Vinaigrette beträufeln. Mit **Granatapfelkernen** garniert servieren.

Kartoffel-Nuss-Moussaka

FÜR 4–6 PERSONEN **VORBEREITUNG 45 MIN.** **GARZEIT 1 STD. 10 MIN.**

Zu diesem einfachen und rustikalen Gericht passt ein griechischer Salat mit Fetawürfeln und einem Dressing aus Olivenöl und Rotweinessig.

ZUTATEN

700 g Kartoffeln, gewaschen und in 5 mm dünne Scheiben geschnitten
2 EL Olivenöl, plus etwas mehr zum Einfetten
1 große Zwiebel, gehackt
2 Knoblauchzehen, zerdrückt
2 Zucchini, in Scheiben geschnitten
1 grüne Paprikaschote, entkernt und gehackt
400 g Tomaten (aus der Dose)
400 g Cannellini-Bohnen (aus der Dose), abgewaschen und abgetropft
120 g gehackte gemischte Nusskerne
2 EL Tomatenmark
2 TL getrockneter Oregano
1 TL gemahlener Zimt
3 EL schwarze Oliven in Scheiben
Salz und frisch gemahlener schwarzer Pfeffer
400 g Crème fraîche
2 Eier
50 g frisch geriebener Parmesan

1 Die Kartoffeln in kochendem Wasser 5 Minuten kochen, bis sie weich sind, aber noch die Form halten. Abgießen, unter kaltem Wasser abschrecken und abtropfen lassen.

2 Das Öl in einem großen Topf erhitzen und Zwiebel, Knoblauch, Zucchini und Paprika darin unter Rühren 5 Minuten anbraten, bis das Gemüse weich zu werden beginnt. Tomaten, Bohnen, gehackte Nusskerne, Tomatenmark, 1 TL Oregano, Zimt, Oliven und reichlich Pfeffer dazugeben. Aufkochen, dann die Temperatur reduzieren und unter ständigem Rühren 15 Minuten köcheln lassen, bis das Gemüse gar und die Sauce angedickt ist.

3 Den Backofen auf 160 °C Umluft vorheizen. Die Hälfte der Gemüsemischung in einer leicht geölten, rechteckigen Auflaufform (2 l) verteilen. Darauf die Hälfte der Kartoffeln einschichten. Eine zweite Lage Gemüse darübergeben, dann mit einer Kartoffelschicht enden.

4 Die Crème fraîche mit den Eiern, dem restlichen Oregano, dem Parmesan und etwas Salz und Pfeffer verrühren. Die Mischung über die Kartoffeln geben. Im heißen Ofen 45 Minuten goldbraun backen. Eine Weile abkühlen und ziehen lassen, dann warm servieren.

Linsen-Wurzelgemüse-Auflauf mit herzhafter Streuselkruste

FÜR 4 PERSONEN VORBEREITUNG 45 MIN. GARZEIT 1 STD. 15 MIN.

Um die Ofenhitze optimal auszunutzen, kleine Kartoffeln auf Metallspieße stecken und mit dem Auflauf backen. Durch die Metallspieße garen die Kartoffeln schneller.

ZUTATEN

2 EL Sonnenblumenöl
1 EL Butter
1 rote Zwiebel, gerieben
2 große Rote Beten, gerieben
2 große Möhren, gerieben
1 Speiserübe, gerieben
120 g rote Linsen
750 ml Gemüsebrühe
1 EL Rotweinessig
1 EL gehackter frischer Estragon
1 EL gehackte frische Petersilie
Salz und frisch gemahlener schwarzer Pfeffer
2 EL frische Schnittlauchröllchen
150 g saure Sahne
Ofenkartoffeln und grüner Salat zum Servieren

Für die Streusel

120 g kernige Haferflocken
60 g Mehl
80 g Butter, gewürfelt
80 g Emmentaler, gerieben
30 g Parmesan, gerieben
1 EL Kümmelsamen

1 Öl und Butter in einer Auflaufform erhitzen und die geriebenen Gemüse darin unter Rühren 2 Minuten anbraten. Linsen und Brühe dazugeben und zum Kochen bringen. Die Temperatur reduzieren und 25 Minuten köcheln lassen, bis Linsen und Gemüse gar sind und fast alle Flüssigkeit aufgenommen ist. Essig, Estragon, Petersilie, Salz und Pfeffer nach Geschmack dazugeben und unter gelegentlichem Rühren weitere 5 Minuten köcheln.

2 In der Zwischenzeit den Backofen auf 170 °C Umluft vorheizen. Die Streusel zubereiten: Haferflocken und Mehl in einer Schüssel mit 1 großzügigen Prise Salz vermengen. Die Butter mit den Fingern einarbeiten, bis Streusel entstehen. Käse und Kümmel einrühren.

3 Die Streusel über das Gemüse geben und leicht andrücken. Im heißen Ofen 45 Minuten goldbraun backen.

4 In der Zwischenzeit den Schnittlauch in einer kleinen Schüssel in die saure Sahne rühren und mit Salz und Pfeffer würzen. Bis zum Servieren kalt stellen. Den heißen Auflauf mit Schnittlauch-Dip, Ofenkartoffeln und grünem Salat servieren.

Gefüllte Cajun-Ofenkartoffeln mit Avocadocreme

FÜR **4 PERSONEN** **VORBEREITUNG** **15 MIN.** **GARZEIT** **2 STD. 15 MIN.**

Mit großen Ofenkartoffeln ist dies ein Hauptgericht. Man kann die Backzeit um die Hälfte reduzieren, wenn man die Kartoffeln zunächst 15 Minuten in der Mikrowelle vorgart.

1 Den Backofen auf 180 °C Umluft vorheizen. Die Kartoffeln rundherum mit einer Gabel einstechen, mit Öl bestreichen, mit der Gewürzmischung einreiben und auf ein Backblech legen. Im heißen Ofen 2 Stunden backen, bis die Schale knusprig ist und sich die Kartoffeln auf Daumendruck weich anfühlen.

2 In der Zwischenzeit, falls Maiskolben verwendet werden, die Körner von den Kolben schneiden (siehe S. 233). Die Butter in einem Topf zerlassen und Frühlingszwiebeln, Chilis und Paprika unter Rühren 2 Minuten anbraten. Mais, Kreuzkümmel und Oregano dazugeben. Die Temperatur reduzieren und alles 5 Minuten sanft garen. Zur Seite stellen.

3 Das Fruchtfleisch der Avocados in einer Schüssel mit Chilis und Limettensaft mit einer Gabel zerdrücken, dabei leicht stückig lassen. Mit Salz und Pfeffer würzen. Bis zum Servieren kalt stellen.

4 Die Kartoffeln aus dem Ofen nehmen. Sobald sie so weit abgekühlt sind, dass man sie anfassen kann, die Kartoffeln halbieren und die Hälften fast ganz ausschaben und das Fruchtfleisch beiseitestellen. Dabei die Schalenwände so dick belassen, dass sie stabil bleiben. Während der Zubereitung der Füllung die Schalen im Ofen trocknen.

5 Das Kartoffelinnere mit der restlichen Butter zerstampfen und die Maismischung, Koriander und Käse unterheben. Mit Salz und Pfeffer würzen. Das Püree in die Kartoffelschalen füllen und im Ofen weitere 10–15 Minuten bräunen. Einen Löffel Avocadocreme auf jede Kartoffel geben und mit grünem Salat servieren.

ZUTATEN

4 große Ofenkartoffeln, gewaschen
2 EL Olivenöl
2 EL Cajun-Gewürzmischung
2 Maiskolben (oder 225–300 g Maiskörner)
60 g Butter
2 Frühlingszwiebeln, gehackt
1 dicke grüne Chilischote, entkernt und gehackt
1 rote Paprikaschote, entkernt, in Streifen geschnitten und gehackt
1 TL gemahlener Kreuzkümmel
1 TL getrockneter Oregano
2 EL gehacktes frisches Koriandergrün
2 große Handvoll frisch geriebener reifer Cheddar
grüner Salat zum Servieren

Für die Avocadocreme

2 reife Avocados, entsteint und geschält (siehe S. 236–237)
1 TL zerstoßene getrocknete Chilischoten
1 EL frisch gepresster Limettensaft
Salz und frisch gemahlener schwarzer Pfeffer

Möhren-Zwiebel-Hotdogs mit Stilton

ERGIBT **12 HOT DOGS** VORBEREITUNG **20 MIN. PLUS 1 STD. KÜHLZEIT** GARZEIT **15 MIN.**

Diese Hotdogs können im Voraus zubereitet und mehrere Tage im Kühlschrank aufbewahrt werden. Sie schmecken auch mit Cheddar statt Stilton sehr köstlich.

ZUTATEN

1 EL Butter
1 Zwiebel, fein gehackt
4 Möhren, gerieben
350 g kernige Haferflocken
100 g Mehl, plus etwas mehr zum Bestäuben
175 g zerkrümelter Stilton (oder anderer Blauschimmelkäse)
2 EL Tomatenmark
1 EL Sojasauce
2 EL Pilz-Ketchup oder Worcestersauce
1 TL Kräuter der Provence
2 EL gehackte Petersilie
2 große Eier, verschlagen
Salz und frisch gemahlener schwarzer Pfeffer
Sonnenblumenöl zum Braten
12 Hotdog-Brötchen
milder Senf und Salat zum Servieren

Für die Garnitur

1 EL Butter
4 große Zwiebeln, halbiert und in dünne Streifen geschnitten
4 reife Tomaten, entkernt und gehackt

1 Die Butter in einem Topf zerlassen und Zwiebeln und Möhren darin unter Rühren 2 Minuten sanft anschwitzen. Vom Herd nehmen. Die restlichen Zutaten und reichlich Salz und Pfeffer dazugeben und mit dem Stabmixer oder im Standmixer glatt pürieren. Die Mischung zum Festwerden 30 Minuten in den Kühlschrank stellen.

2 Die Hände mit Mehl bestäuben und die Mischung zu 12 langen Würsten formen (etwas dicker als gewöhnliche Hotdog-Würstchen). Nochmals 30 Minuten im Kühlschrank fest werden lassen.

3 In der Zwischenzeit die Garnitur vorbereiten: Die Butter in demselben Topf zerlassen und die Zwiebeln darin unter Rühren 2 Minuten anschwitzen. Die Temperatur reduzieren, den Deckel auflegen und unter gelegentlichem Rühren 10 Minuten sanft bräunen. Die Tomaten einrühren und 1 Minute kochen. Nach Geschmack würzen.

4 Die vegetarischen Würstchen mit etwas Öl bepinseln und in einer Pfanne braten, bis sie goldbraun sind. Dabei mehrmals wenden.

5 Je ein Würstchen in jedes Hotdog-Brötchen geben, mit Zwiebeln und Tomaten garnieren und ein wenig Senf darübergeben. Mit einem Salat als Beilage servieren.

Pestos, Salsas & Dips

Klassisches Basilikum-Pesto

ERGIBT **1 KLEINES GLAS (ca. 175 g)** ZUBEREITUNG **10 MIN.**

Spaghetti mit etwas Pesto durchheben und fertig ist das Hauptgericht. Oder Pesto, Olivenöl und einen Spritzer Essig oder Zitronensaft zu einem Dressing verrühren.

ZUTATEN

30 g Basilikum
2 Knoblauchzehen, leicht zerdrückt
30 g Pinienkerne
Salz und frisch gemahlener schwarzer Pfeffer
30 g frisch geriebener Parmesan
5 EL natives Olivenöl extra

1 Die Basilikumblätter abzupfen und die Stängel wegwerfen. Die Blätter mit Knoblauch, Pinienkernen, Salz und Pfeffer, Parmesan und 1 EL Öl mit dem Stabmixer oder im Standmixer glatt pürieren. Den Standmixer zwischendurch stoppen, das Pesto vom Rand abschaben und wieder nach unten schieben. Nach und nach 3 EL Öl einträufeln und weiterpürieren, bis eine glänzende Paste entsteht.

2 Alternativ die Kräuter mit dem Knoblauch im Mörser zerreiben. Nach und nach die Pinienkerne zugeben und weiterzerstoßen. Salz und Pfeffer dazugeben, dann ein wenig Käse und Öl einarbeiten. So fortfahren, bis nur noch 1 EL Öl übrig ist und eine glänzende Paste entsteht.

3 In ein sauberes, ausgekochtes Glas füllen, das restliche Öl daraufgeben, um das Pesto luftdicht zu verschließen, und das Glas fest zuschrauben. Im Kühlschrank ist es bis zu 2 Wochen haltbar.

Kimchi

ERGIBT **1 GROSSES GLAS (ca. 500 g)** ZUBEREITUNG **10 MIN. PLUS 24 STD. MARINIERZEIT**

Der durch Vergären haltbar gemachte Kohl passt zu Käse, hart gekochten Eiern oder Krustenbrot. Durchgezogen schmeckt er am besten und hält sich rund eine Woche.

1 Die geschnittenen Kohlblätter lockern und in einem Sieb auf die Ablauffläche der Spüle stellen. Mit Salz bestreuen, gründlich durchmischen und 2 Stunden Wasser ziehen lassen. Das Salz unter kaltem Wasser gründlich abspülen, dabei den Kohl mehrfach wenden. Abtropfen und auf Küchenpapier trocknen lassen. In einen großen Gefrierbehälter mit luftdicht verschließbarem Deckel geben.

2 In der Zwischenzeit die verschiedenen Samen in einer beschichteten Pfanne ohne Fett unter Rühren rösten, bis sie zu duften beginnen. Sofort in eine Schüssel umfüllen, damit sie nicht weiterrösten. Abgekühlt zum Kohl geben. Schalotte und Kräuter ebenfalls dazugeben.

3 Die restlichen Zutaten vermengen und sorgfältig unter den Kohl heben. Den Behälter verschließen und das Kimchi vor dem Servieren mindestens 24 Stunden im Kühlschrank marinieren.

ZUTATEN

- 1 kleiner Chinakohl, in kleine Stücke geschnitten
- 1 EL Salz
- 1 EL Schwarzkümmelsamen
- 1 EL Sesamsamen
- 1 EL Kümmelsamen
- 1 Schalotte, halbiert und in dünne Ringe geschnitten
- 2 EL gehacktes frisches Koriandergrün
- 1 EL gehackte frische Petersilie
- 2 EL Sambal Oelek
- 4 EL Reisessig
- 1 EL frisch gepresster Limettensaft
- 1 EL dunkles Sesamöl (aus gerösteten Samen)

Paprika-Mandel-Chili-Pesto

ERGIBT **1 KLEINES GLAS (etwa 175 g)** ZUBEREITUNG **10 MIN.**

Dieses Pesto eignet sich als Pastasauce, aber auch als scharfer Belag für einen Pizzaboden oder mit Tomaten und Basilikum gemischt als Belag für Bruschetta.

ZUTATEN

1 rote Paprikaschote, geröstet (siehe S. 238), entkernt und grob gehackt
4 halbgetrocknete Tomaten in Öl, abgetropft und Öl aufgefangen
1–2 dicke rote Chilischoten, entkernt und grob gehackt
2 Knoblauchzehen, leicht zerdrückt
30 g gemahlene Mandeln
30 g frisch geriebener Parmesan
Salz und frisch gemahlener schwarzer Pfeffer
4 EL natives Olivenöl extra

1 Paprika, Tomaten, Chilis, Knoblauch, Mandeln, Parmesan, Tomatenöl und reichlich Salz und Pfeffer mit dem Stabmixer oder im Standmixer glatt pürieren – zwischendurch, falls nötig, wieder zusammenschieben. Nach und nach 2 EL Olivenöl einträufeln, bis eine glänzende Paste entsteht.

2 Alternativ Paprika, Tomaten, Chilis und Knoblauch im Mörser zerreiben. Nach und nach Mandeln, Salz und Pfeffer dazugeben. Etwas Parmesan einarbeiten, dann ein wenig Tomaten- und Olivenöl hinzufügen. Käse, Tomaten- und Olivenöl portionsweise weiter mit dem Stößel einarbeiten, bis die Paste geschmeidig und glänzend ist.

3 Die Masse in ein sauberes, ausgekochtes Glas füllen, mit dem restlichen Olivenöl luftdicht abschließen und den Glasdeckel fest aufschrauben. Im Kühlschrank ist das Pesto bis zu zwei Wochen haltbar.

Indisches Gemüse-Chutney

ERGIBT **3 GLÄSER (ca. 350 g)** VORBEREITUNG **30 MIN.** GARZEIT **2 STD. 15 MIN.**

Indische Gewürze geben diesem mit Essig eingekochten Chutney sein wunderbares Aroma. Wer es scharf mag, kann 1–2 fein gehackte grüne Chilischoten dazugeben.

ZUTATEN

900 g Butternuss-Kürbis, entkernt, geschält und in mundgerechte Stücke geschnitten
2 Zwiebeln, fein gehackt
225 g Kochäpfel, entkernt, geschält und gehackt
3 Zucchini, längs halbiert und gehackt
50 g getrocknete entsteinte Datteln, gehackt
450 ml Apfelessig
2 EL mittelscharfes oder scharfes Currypulver
1 TL gemahlener Kreuzkümmel
1 Stück frische Ingwerwurzel (2,5 cm), gerieben oder fein gehackt
450 g weißer Zucker oder Muscovadozucker

1 Kürbis, Zwiebeln, Äpfel, Zucchini und Datteln in einen Einmachtopf oder eine große Kasserolle mit schwerem Boden geben. Den Essig angießen, Gewürze und Ingwer dazugeben und alles gründlich durchrühren.

2 Die Mischung zum Kochen bringen, dann die Temperatur reduzieren und unter gelegentlichem Rühren 40–45 Minuten köcheln, bis der Kürbis weich ist.

3 Den Zucker einrühren, bis er gelöst ist, und dann die Mischung weitere 1–1½ Stunden köcheln lassen, bis das Chutney eingedickt ist und alle Flüssigkeit aufgenommen wurde. Zum Ende der Garzeit ständig rühren, damit die Masse nicht am Topfboden anbrennt.

4 Das Chutney in ausgekochte, warme Einmachgläser füllen. Darauf achten, dass sich keine Lufteinschlüsse bilden. Je ein zugeschnittenes Stück Backpapier auflegen, die Gläser fest verschließen und beschriften.

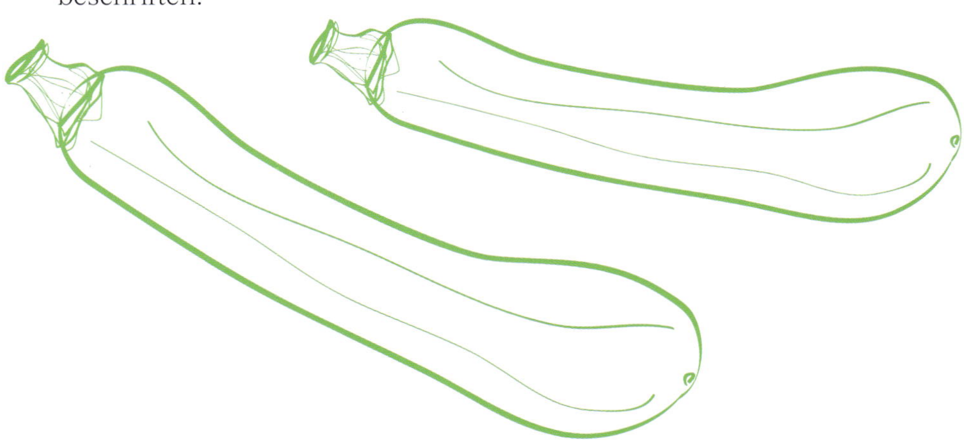

Rote Zwiebelkonfitüre

ERGIBT **2 GLÄSER (ca. 350 g)** VORBEREITUNG **20 MIN.** GARZEIT **1 STD. 10 MIN.**

Diese köstliche Konfitüre aus Zwiebeln ist bereits ein moderner Klassiker. Sie passt hervorragend zu Käse, Fleischgerichten und Wild.

1 Das Öl in einem Einmachtopf oder einer großen Kasserolle mit schwerem Boden erhitzen. Die Zwiebeln mit 1 Prise Salz und Pfeffer hineingeben und bei niedriger bis mittlerer Hitze unter gelegentlichem Rühren 30 Minuten glasig schwitzen. Den Zucker einrühren und karamellisieren, aber nicht ansetzen lassen. Nur durch den langsamen Bräunungsprozess entsteht der köstliche Karamellgeschmack.

2 Die Temperatur ein wenig erhöhen und Wein und Essige einrühren. Kurz aufkochen, dann die Temperatur reduzieren. Bei niedriger Hitze unter gelegentlichem Rühren 30–40 Minuten kochen, bis fast alle Flüssigkeit verdampft ist.

3 Den Topf vom Herd nehmen. Die Konfitüre abschmecken und bei Bedarf nachwürzen – aber Vorsicht, der Geschmack intensiviert sich beim Durchziehen. In ausgekochte, noch warme Einmachgläser füllen, ohne dass Lufteinschlüsse entstehen. Je ein zugeschnittenes Stück Backpapier auflegen, die Gläser fest verschließen und beschriften. Rund 1 Monat im Kühlschrank ziehen lassen. Nach dem Öffnen im Kühlschrank aufbewahren.

ZUTATEN

2 EL Olivenöl
1 kg rote Zwiebeln, geschält, halbiert und in Streifen geschnitten
Salz und frisch gemahlener schwarzer Pfeffer
6 EL Muscovadozucker
150 ml Rotwein
3 EL Balsamico-Essig
3 EL Weißweinessig

Vier Variationen mit
Zwiebeln

Zwiebel-Confit ►

ZUBEREITUNG 50 Min. **ERGIBT** 750 g

2 EL **Butter** in einem Topf zerlassen. 900 g in Streifen geschnittene **Zwiebeln** hineingeben und unter Rühren 5 Minuten glasig schwitzen. 100 g **Demerarazucker**, 3 EL **Sherryessig**, 1 ½ EL **Crème de Cassis** (nach Wunsch) und 2 TL **Salz** zugeben. Gründlich vermischen und ohne Deckel 30–40 Minuten köcheln lassen. Gelegentlich umrühren, damit das Confit nicht am Topfboden ansetzt. Das Confit auf Bruschetta streichen und mit gegrilltem **Ziegenkäse** servieren, oder beispielsweise in einem Wrap mit geriebenem **Cheddar** und ein wenig **Salat** reichen.

◄ Zwiebel-Bhajis

ZUBEREITUNG 30 Min. **FÜR** 4 Pers.

225 g gehackte **Zwiebeln**, 120 g **Kichererbsenmehl**, 2 TL **Kreuzkümmelsamen**, ½ TL **Kurkuma**, 1 TL gemahlener **Koriander** und 1 **grüne** oder **rote Chilischote**, entkernt und fein gehackt, vermischen. Mit 8 EL kaltem Wasser zu einem dickflüssigen Teig vermischen. **Sonnenblumenöl** in der Fritteuse auf 190 °C erhitzen. Golfballgroße Teigportionen in das heiße Öl geben und unter gelegentlichem Wenden hellgold frittieren. Bhajis mit dem Schaumlöffel herausheben und auf Küchenpapier abtropfen lassen. Wieder ins Fett geben, bis sie rundum knusprig und goldbraun sind. Abtropfen lassen und heiß servieren.

Viele Speisen enthalten Zwiebeln, aber selten sind sie die Hauptzutat. Frühlingszwiebeln eignen sich für Salate und Pfannengerührtes, weiße und braune Zwiebeln sind Allrounder, rote Zwiebeln schmecken süß, Schalotten mild.

Zwiebel-Mandel-Suppe ►

ZUBEREITUNG 1 Std. 10 Min. **FÜR** 4 Pers.

100 g **Mandeln** zugedeckt 15 Minuten in kochendem Wasser einweichen. Abgießen und aus den Häutchen drücken. Mit 100 ml **Gemüsebrühe** mit dem Stabmixer glatt pürieren. 1/4 TL **Schwarzkümmel** in 60 g **Butter** 1 Minute rösten. 4 gewürfelte **Zwiebeln** und 1 gehackte **rote Chilischote** zugeben, zugedeckt 25 Minuten garen. Sobald sie bräunen, 1 TL **Muscovado** zugeben. Wenn sie am Boden ansetzen, 2 EL **Balsamico-Essig** zugeben und einkochen. 600 ml **Brühe** und die Mandelpaste zugeben und 20 Minuten köcheln. Pürieren, 120 g **Sahne** zufügen und würzen. Erhitzen und mit gebratenen Zwiebeln garniert servieren.

◄ Zwiebelkuchen

ZUBEREITUNG 1 Std. 10 Min. **FÜR** 6 Pers.

Ofen auf 180 °C Umluft vorheizen. 1 EL **Olivenöl** erhitzen und 4 geschnittene **Zwiebeln** 15 Minuten sanft glasig dünsten. Vom Herd nehmen und 1 EL **Mehl** einrühren. Von 300 ml **Milch** 1 Schuss einrühren. Wieder auf den Herd stellen und die restliche Milch untermischen. Mit 1 TL **Paprikapulver**, **Salz** und frisch gemahlenem **schwarzem Pfeffer** würzen. Vom Herd nehmen. 300 g **Mürbeteig** ausrollen, eine Quicheform damit auskleiden und blindbacken (siehe S. 248). Die Ofentemperatur auf 160 °C reduzieren. Die Zwiebelmischung auf dem Teig verteilen, mit 1 TL **Paprikapulver** bestreuen und 15–20 Minuten backen. Servieren.

Tapenade

ERGIBT **1 KLEINES GLAS (ca. 200 g)** ZUBEREITUNG **15 MIN.**

Die aromatische Olivenpaste ist im gesamten Mittelmeerraum beliebt. Sie schmeckt gut zu rohem Gemüse, als Belag von Crostini, als Pastasauce und im Dressing.

ZUTATEN

2 große Knoblauchzehen
250 g schwarze entsteinte Oliven
1½ EL Kapern, abgewaschen und abgetropft
1 TL frische Thymianblätter
1 TL gehackter frischer Rosmarin
2 EL frisch gepresster Zitronensaft
2 EL natives Olivenöl extra
1 TL Dijon-Senf
frisch gemahlener schwarzer Pfeffer

1 Knoblauch, Oliven, Kapern, Thymian und Rosmarin mit dem Stabmixer oder im Standmixer glatt pürieren. Zitronensaft, Öl, Senf und Pfeffer einrühren und nochmals pürieren, bis eine geschmeidige Paste entsteht.

2 In einer Schüssel bis zur Verwendung im Kühlschrank aufbewahren. Alternativ in ein ausgekochtes Schraubglas geben und fest verschließen. Tapenade ist im Kühlschrank mehrere Wochen haltbar.

Avocado-Salsa

FÜR **4–6 PERSONEN** ZUBEREITUNG **15 MIN.**

Diese köstliche Salsa passt hervorragend zu schärferen Speisen, schmeckt aber ebenso zu gegrilltem Halloumi oder zu Omeletts, die man auch mit ihr füllen kann.

1 Das Fruchtfleisch der Avocados klein würfeln und in eine Schüssel geben. Mit den restlichen Zutaten bis auf die getrockneten Chilis vermengen, die Avocado dabei aber nicht klein drücken.

2 Die Salsa in eine Servierschale umfüllen, mit den zerstoßenen Chilischoten garnieren und bis zum Servieren kalt stellen. Am besten innerhalb von 2 Stunden aufbrauchen, da sie sonst ihre Farbe verliert.

ZUTATEN

2 große, gerade reife Avocados, halbiert, entsteint und geschält (siehe S. 236–237)
4 Frühlingszwiebeln, gehackt
1 rote Paprikaschote, halbiert, entkernt und gewürfelt
2 Tomaten, entkernt und gewürfelt
1 dicke rote Chilischote, entkernt und in dünne Streifen geschnitten
¼ Gurke, gewürfelt
6 Radieschen, in Scheiben geschnitten
2 EL frisch gepresster Limettensaft
2 EL Olivenöl
Salz und frisch gemahlener schwarzer Pfeffer
2 EL grob gehacktes frisches Koriandergrün
1 TL zerstoßene getrocknete Chilischoten zum Garnieren

Mexikanische Tomaten-Zwiebel-Salsa mit Koriander

FÜR **4 PERSONEN** ZUBEREITUNG **10 MIN. PLUS 30 MIN. KÜHLZEIT**

Diese einfache, aber köstliche Salsa schmeckt gut zu Fajitas, Tacos und einfachen Quesadillas, passt aber auch als würziger Dip zu Tortilla-Chips.

ZUTATEN

1 große rote Zwiebel, fein gehackt
2–3 große Tomaten, fein gehackt
1 große grüne Chilischote, z. B. Jalapeño, entkernt und fein gehackt
1 große Handvoll frisches Koriandergrün, gehackt
frisch gepresster Saft von 1 Limette
Salz und frisch gemahlener schwarzer Pfeffer

1 Alle Gemüse in einer Schüssel mit dem Koriander vermengen. Den Limettensaft dazugeben und mit Salz und Pfeffer würzen.

2 Mit Frischhaltefolie abdecken und vor dem Servieren mindestens 30 Minuten im Kühlschrank ziehen lassen, damit sich die Aromen entfalten können.

Auberginen-Pinienkern-Dip

FÜR **8–10 PERSONEN** VORBEREITUNG **15 MIN.** GARZEIT **40 MIN.**

Sehr köstlich schmeckt der Dip auch mit einer Prise Zimtpulver und/oder Kreuzkümmel. Er passt großartig zu Oliven und eingelegten Chilischoten.

ZUTATEN

1 große Aubergine
1 EL Olivenöl
2–3 EL Tahin (Sesampaste)
2 Knoblauchzehen, fein gehackt oder zerdrückt
frisch gepresster Saft von 1 Zitrone, plus etwas mehr (falls benötigt)
1 Prise gemahlener Kreuzkümmel
Salz und frisch gemahlener schwarzer Pfeffer
Pita-Brot zum Servieren

1 Den Backofen auf 180 °C Umluft vorheizen. Die Aubergine rundherum ein paar Mal mit einem Messer einstechen, dann mit den Händen mit Öl einreiben. Im heißen Ofen 30–40 Minuten rösten, bis die Schale schwarz wird und das Fruchtfleisch weich ist.

2 Abkühlen lassen, dann die Schale abziehen und das Fruchtfleisch mit Tahin, Knoblauch, Zitronensaft und Kreuzkümmel mit dem Stabmixer oder im Standmixer glatt pürieren.

3 Mit Salz und Pfeffer abschmecken und, falls nötig, etwas mehr Zitronensaft einrühren. Nochmals kurz pürieren. In eine Servierschale geben und mit Pita-Brot servieren.

Hummus

FÜR **8–10 PERSONEN** ZUBEREITUNG **10 MIN.**

Dieser gehaltvolle und cremige Dip schmeckt köstlich zu rohem Gemüse wie Chicorée, Selleriestangen, ausgehöhlten Gurken und roten Paprikastreifen.

1 Alle Zutaten bis auf das Öl mit dem Stabmixer oder im Standmixer glatt pürieren.

2 Nach und nach das Öl einträufeln und verrühren, bis das Hummus die gewünschte Konsistenz hat. Mit Salz abschmecken und nach Wunsch ein wenig mehr Zitronensaft einrühren. Nochmals pürieren. Als Dip zu warmem Pita-Brot servieren.

ZUTATEN

400 g Kichererbsen (aus der Dose), abgewaschen und abgetropft
2 Knoblauchzehen, zerdrückt
frisch gepresster Saft von 1 Zitrone, plus etwas mehr (falls benötigt)
2–3 EL Tahin
1 Prise Paprikapulver edelsüß
Salz
2–3 EL Olivenöl
Pita-Brot zum Servieren

Techniken

Mit den schrittweisen Anleitungen zu wichtigen Techniken wie Schneiden, Würfeln, Entkernen, Schälen und Kneten werden auch Sie zum Küchenprofi. Hier erfahren Sie, wie Sie Ihre Lieblingsgemüse, Kräuter und Gewürze vor- und zubereiten, und erlernen Grundrezepte, wie etwa Mürbeteig oder Risotto.

Zwiebeln würfeln

Für große Würfel dicker und für kleine Würfel dünner schneiden.

1 Die Zwiebel mit einer Hand gut festhalten und mit einem scharfen Kochmesser längs halbieren. Die Schale entfernen und die Wurzel intakt lassen – sie hält die Zwiebel zusammen.

2 Eine Zwiebelhälfte mit der Schnittseite nach unten auf das Schneidebrett legen und mehrfach horizontal einschneiden, aber nicht durch die Wurzel schneiden.

3 Die Zwiebel festhalten und mehrfach vertikal einschneiden. Wieder bis nah an die Wurzel schneiden, sie aber nicht durchtrennen.

4 Die Zwiebel nun am Wurzelende halten und durch quer geführte Schnitte würfeln. Ist die Zwiebel gewürfelt, das Wurzelende wegwerfen.

Lauch waschen und schneiden

Lauch gehört zur Zwiebelfamilie, ist aber milder im Geschmack.

1 Die Wurzel und einen Teil der dunklen Blätter abschneiden. Längs halbieren. Die Lagen trennen, gründlich waschen und trocken tupfen.

2 Den halbierten Lauch flach auf das Schneidebrett legen und je nach Rezeptangabe in dünne oder dickere Streifen schneiden.

Knoblauch schälen, hacken oder zerdrücken

Erst nach dem Zerkleinern entfaltet Knoblauch sein volles Aroma.

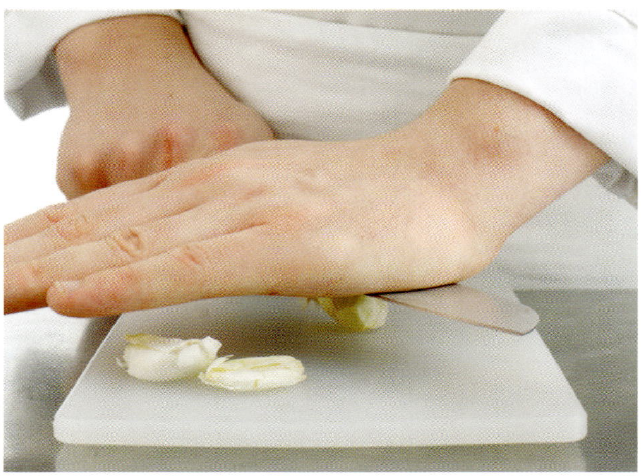

1 Eine Knoblauchzehe mit der Seite eines großen Messers leicht andrücken – das erleichtert das Schälen. Beide Enden abschneiden.

2 Längs in Scheiben und quer in kleine Stücke schneiden. Zusammenschieben und fein hacken oder mit der flachen Seite zerdrücken.

Tomaten häuten und entkernen

Feste Tomaten wählen. Rispentomaten haben den besten Geschmack.

1 Die Tomate fest in der Hand halten und mit einem scharfen Messer auf der Unterseite x-förmig einschneiden. Etwa 20 Sekunden in kochendes Wasser tauchen, bis sich die Haut löst.

2 Die Tomate mit einem Schaumlöffel vorsichtig aus dem heißen Wasser heben und sofort in einer Schüssel mit Eiswasser abschrecken, damit sie nicht weitergart.

3 Sobald man sie anfassen kann, die Tomate mit einem Schälmesser häuten. Dazu die Haut vom x-förmigen Einschnitt her abziehen.

4 Die Tomate halbieren, die Samen vorsichtig herausdrücken und wegwerfen. Dann auf das Schneidebrett legen und in Streifen schneiden.

Rohe Rote Bete schälen und in Stifte schneiden

Die Rote Bete kann auch hauchdünn geschnitten oder gerieben werden.

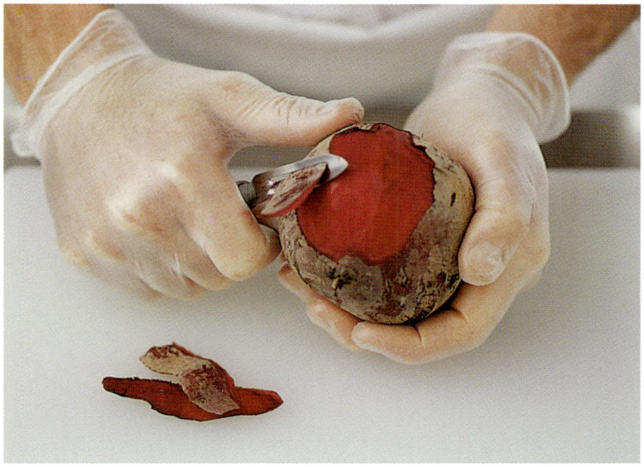

1 Die Rote Bete in einer Hand gut festhalten und mit dem Sparschäler oder einem Schälmesser dünn schälen. Latexhandschuhe verhindern, dass sich die Hände rot färben.

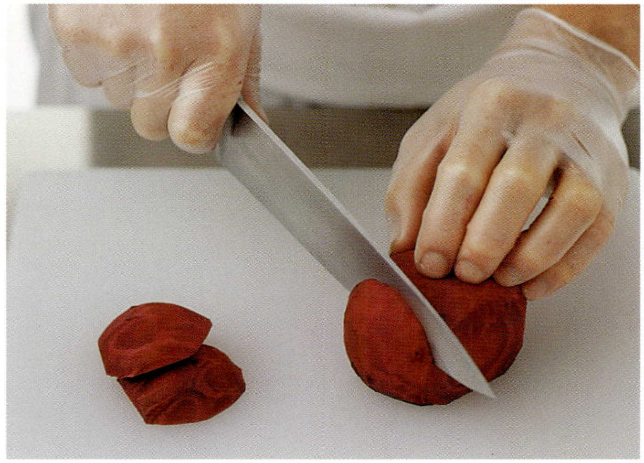

2 Die Rote Bete auf ein sauberes Schneidebrett legen und gut fixieren. Die Seiten mit dem Kochmesser abschneiden und die Knolle zu einem möglichst gleichmäßigen Würfel schneiden.

3 Den Würfel fixieren und in gleichmäßig dünne Scheiben schneiden – 3 mm für Juliennestreifen und 5 mm für Stifte.

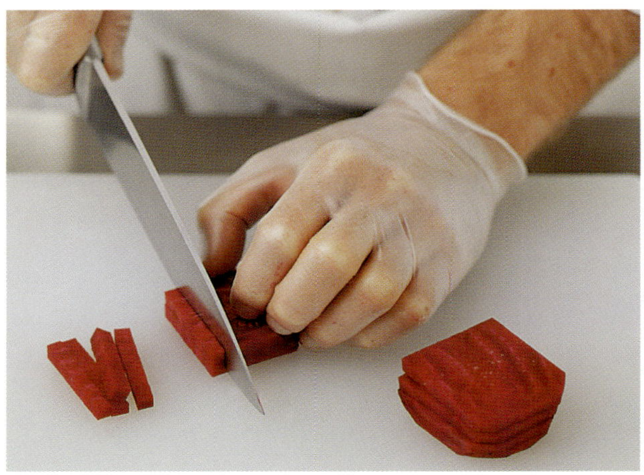

4 Ein paar Scheiben so aufeinanderlegen, dass sie nicht verrutschen. Den Scheibenstapel mit dem Messer in Streifen oder Stifte schneiden.

Zucchini-Stifte schneiden

Die glänzende Haut junger Zucchini muss nicht abgeschält werden.

1 Die Zucchini auf ein Schneidebrett legen und die Enden abschneiden. Längs halbieren und die Hälften in 5 mm dünne Scheiben schneiden.

2 Die Scheiben auf das Brett legen und mit einem scharfen Kochmesser quer in gleichmäßige, ca. 5 mm dicke Stifte schneiden.

Möhren-Stifte schneiden

Junge Möhren nur abschaben, ältere müssen geschält werden.

1 Die Mandoline auf 5 mm Schnittdicke einstellen und fixieren. Die Möhre der Länge nach in gleichmäßig dünne Scheiben schneiden.

2 Die Möhrenscheiben stapeln und quer halbieren. Die runden Außenseiten begradigen und dann die Scheiben längs in Stifte schneiden.

Grünen Spargel putzen

Wählen Sie frische Stangen mit festen, geschlossenen Spitzen.

1 Die Stangen auf das Schneidebrett legen und das holzige Ende ca. 2,5–4 cm lang abschneiden – bei ganz frischem Spargel abbrechen.

2 Um holzige Stellen zu vermeiden, den Spargel oben fassen und mit dem Sparschäler die Schale der unteren Hälfte hauchdünn abschälen.

Maiskolben putzen

Am besten schmeckt Mais, wenn er ganz frisch vom Feld kommt.

1 Die Hüllblätter und Haare von oben nach unten vom Kolben abziehen und den Kolben unter kaltem Wasser waschen.

2 Den Kolben auf sein stumpfes Ende stellen und die Körner mit einem scharfen Kochmesser mit geraden Schnitten herunterschneiden.

Artischocken vorbereiten

Wählen Sie Artischocken mit geschlossener Blüte und festem Stiel.

1 Die Artischocke auf das Schneidebrett legen und am Stiel festhalten. Mit einer Küchenschere die harten Spitzen der äußeren Blätter abschneiden.

2 Dann mit einem scharfen Kochmesser den Stiel unter dem Artischockenboden abtrennen. Bei ganz frischen Artischocken den Stiel abbrechen – so lösen sich auch die harten Fasern.

3 Harte, dunklere Blätter herausziehen und wegwerfen. Die Spitze der Artischocke abschneiden. Nun kann sie gekocht werden.

Artischocken ganz essen

Die Artischocken 30 Minuten im Dämpfeinsatz **dämpfen**. Die fleischigen Blattenden in zerlassene **Butter** oder **Vinaigrette** tauchen und das Fleisch mit den Zähnen abziehen. Sind die äußeren Blätter verzehrt, die inneren Blätter herausdrehen, das darunterliegende Heu entfernen und das saftige Herz essen.

Zum **Rösten** innere Blätter und Heu herauslösen, mit **Semmelbröseln**, **Parmesan** und **Olivenöl** füllen und rösten.

Artischockenherzen auslösen

Lösen Sie das Heu vollständig aus, es ist ungenießbar.

1 Die Artischocke auf das Schneidebrett legen. Zunächst rundherum alle Blätter von der Artischocke abziehen, dann den Stiel am Boden abschneiden und wegwerfen.

2 Die Artischocke fest auf dem Schneidebrett fixieren und mit einem scharfen Kochmesser die inneren Blätter abschneiden. (Sie liegen direkt über dem Heu.)

3 Die Blattreste am Boden abschneiden. Soll das Herz klein geschnitten gekocht werden, das Heu vorher mit dem Löffel auslösen.

4 Das Heu mit einem Löffel aus der Artischocke herausschaben. Das Fruchtfleisch mit Zitronensaft einreiben, damit es nicht braun wird.

Avocados vorbereiten

Sobald sie reif sind, lassen sich Avocados leicht schälen und entsteinen.

1 Die Avocado mit einer Hand gut festhalten und mit einem Kochmesser das Fruchtfleisch rundherum und bis hinunter auf den Stein einschneiden.

2 Sobald die Avocado rundherum eingeschnitten ist, die Hälften vorsichtig gegeneinander verdrehen und auseinanderziehen, um sie voneinander zu trennen.

3 Die Messerklinge in den Stein schlagen. Den Stein dann durch wackelnde Bewegungen lösen und aus der Avocado heben.

4 Dann einen Holzlöffel hinter dem Stein ansetzen, um ihn vom Messer zu lösen. Den Stein wegwerfen.

5 Das Fruchtfleisch mit einem Teigschaber aus der Schale lösen und es dabei möglichst nicht beschädigen. Das Fruchtfleisch dann in Scheiben oder Spalten schneiden.

6 Alternativ die Avocado vierteln, vorsichtig in einer Hand halten, ohne das Fruchtfleisch zu zerdrücken, und mit einem Schälmesser die Schale vorsichtig abziehen.

7 Für Avocadowürfel das Fruchtfleisch längs in Streifen schneiden und dann die Streifen quer in Würfel der gewünschten Größe schneiden.

Avocados lagern

Die Früchte an einem **kühlen, dunklen Ort**, aber nicht im Kühlschrank lagern. Sobald das Fruchtfleisch der Luft ausgesetzt ist, wird es schnell braun. Um den Prozess zu verlangsamen, das Fruchtfleisch mit der Schnittseite einer **Zitrone** oder **Limette** einreiben. Das Fruchtfleisch dann möglichst luftdicht in **Frischhaltefolie** einschlagen und bis zum Gebrauch in den Kühlschrank legen.

Paprika putzen

Rote, grüne, orangefarbene und gelbe Paprika sind hübsche Farbtupfer.

1 Die Paprikaschote auf die Seite legen. Stielansatz und Spitze abschneiden, dann die Paprika aufrichten und halbieren. Die Kerne entfernen.

2 Die Paprikahälften flach hinlegen und die weißen Rippen herausschneiden. Das Fruchtfleisch in Streifen schneiden und dann klein hacken.

Paprika rösten und häuten

Das Rösten erleichtert das Häuten und gibt ein rauchiges Aroma.

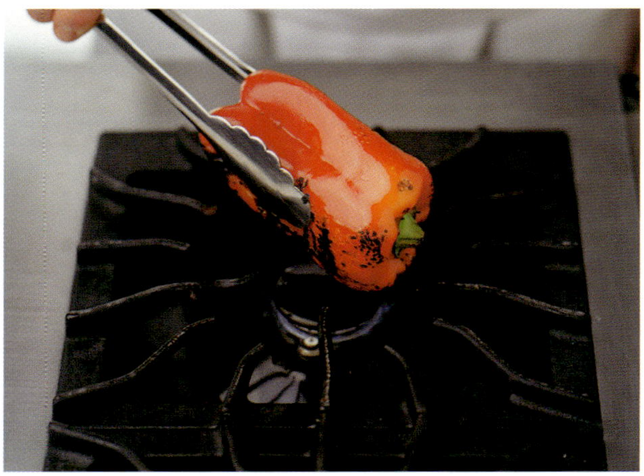

1 Paprika mit der Grillzange über die Gasflamme halten oder unter Wenden unter den Backofengrill geben. Im Gefrierbeutel abkühlen lassen.

2 Ist die Paprika abgekühlt, die Haut abziehen. Den Stiel mit den Kernen herausziehen. Das Fruchtfleisch würfeln oder in Streifen schneiden.

Chilischoten putzen

Durch Entfernen der Samen und Rippen werden Chilischoten milder.

1 Die Chilischote längs halbieren. Die Samen mit der Messerspitze herausschaben und Stiel und Membranen abschneiden.

2 Die Hälften auf die Hautseite legen und flach drücken. Umdrehen und dann längs in Streifen schneiden. Die Streifen quer in Würfel schneiden.

Chilischoten rösten und zerkleinern

Entfernen Sie Stiele und Samen vor dem Rösten der Chilischoten.

1 Die Chilischoten in einer Pfanne bei starker Hitze ohne Fett rösten, bis sie dunkel werden, um ihnen ein rauchiges Aroma zu verleihen.

2 Die gerösteten Chilischoten im Mörser zu Pulver zerstoßen. Alternativ einweichen, durch ein Sieb streichen und zu Paste zermahlen.

Kartoffeln rösten

Durch Einritzen werden Kartoffeln beim Rösten besonders knusprig.

1 Kartoffeln schälen, gleich groß schneiden, in Salzwasser 10 Minuten kochen, abgießen, abkühlen lassen und mit der Gabel einritzen.

2 Die Fettpfanne mit Sonnenblumenöl bei 180 °C Umluft im Backofen erhitzen. Die Kartoffeln im heißen Öl wenden und 1 Stunde knusprig rösten.

Kartoffeln pürieren

Verwenden Sie mehligkochende Kartoffeln für Püree.

1 Kartoffeln kochen, abgießen und wieder in den Topf geben. Butter, Sahne oder Milch, Salz, schwarzen Pfeffer und Muskatnuss zugeben.

2 Abgedeckt 5 Minuten ruhen lassen. Die Kartoffeln mit dem Stampfer pürieren. Falls nötig, mehr Butter, Sahne oder Milch zugeben.

Kartoffeln in der Pfanne braten

Wählen sie feste Kartoffeln mit intakter Schale und ohne Druckstellen.

1 Ungeschälte Kartoffeln unter kaltem Wasser abbürsten, um Erde zu entfernen. Eine dünn mit Sonnenblumenöl bedeckte Pfanne erhitzen.

2 Die Scheiben lagenweise bei mittlerer Hitze 10 Minuten braten. Wenden und goldbraun und weich braten. Abtropfen lassen und würzen.

Pommes frites zubereiten

Durch zweifaches Frittieren werden Pommes frites schön knusprig.

1 Kartoffeln in Stifte schneiden. Öl in der Friteuse auf 160 °C erhitzen und die Stifte 5–6 Minuten hell frittieren. Abtropfen lassen.

2 Das Öl auf 180 °C erhitzen und die Pommes frites nochmals 2–3 Minuten golden und knusprig frittieren. Auf Küchenpapier abtropfen lassen.

Grünes Gemüse kochen

Nur kurz gekocht, behält es seine Konsistenz und Farbe am besten.

1 In einem Topf Salzwasser zum Kochen bringen. Das geputzte Gemüse hineingeben und sprudelnd kochen, bis es weich ist.

2 In ein Sieb abgießen und servieren, oder unter kaltem Wasser abschrecken, um den Garprozess zu stoppen und die Farbe zu erhalten.

Gemüse pfannenrühren

Das Geheimnis liegt im schnellen Braten und ständigen Schwenken.

1 Sonnenblumen-, Raps- oder Erdnussöl in den heißen Wok (oder die Pfanne) geben und verteilen. Dann Knoblauch und Ingwer zugeben.

2 Gewünschtes Gemüse hineingeben und ständig schwenken. Ein paar Tropfen Wasser dazugeben, zudecken und kurz gar kochen.

Gemüse dämpfen

Beim Dämpfen werden die Nährstoffe nicht ins Wasser abgegeben.

1 Einen Topf 2,5 cm hoch mit Wasser füllen und aufkochen. Das Gemüse in den Dämpfeinsatz legen und den Einsatz in den Topf stellen.

2 Sobald Dampf aufsteigt, den Topf zudecken und das Gemüse dämpfen, bis es weich ist. Zur Garprobe mit dem Messer einstechen.

Gemüse braten

Auf diese Weise können Sie Stifte und Würfel schnell garen.

1 Eine Pfanne bei starker Hitze erhitzen, dann etwas Öl darin heiß werden lassen. Gemüsestifte darin unter Wenden gleichmäßig garen.

2 Die Gemüsestifte oder -würfel in der Pfanne schwenken und goldbraun und weich braten. Vom Herd nehmen und heiß servieren.

Kräuter vorbereiten

Verwenden Sie frische Kräuter ganz, gehackt oder zerstoßen.

Blätter abzupfen: Holzige Zweige am hinteren Ende fassen und die Blätter mit Daumen und Zeigefinger vom Zweig herunterschieben.

Bouquet garni binden: Je einige Zweige Thymian und Petersilie, oder Rosmarin und Salbei und ein Lorbeerblatt zusammenbinden.

Zarte Kräuter hacken

Kräuter mit empfindlichen Blättern erst stapeln und dann hacken.

1 Damit die Blätter zarter Kräuter, wie Basilikum, nicht zerdrückt werden, die Blätter vor dem Hacken erst stapeln und fest aufrollen.

2 Die Rolle gut festhalten. Dann mit wiegenden Bewegungen mit dem Messer fein hacken. Die Blätter nach der Hälfte um 90 Grad drehen.

Gewürze vorbereiten

Drücken, Schneiden und Reiben setzt die Aromen von Gewürzen frei.

Frische Gewürze im Ganzen vorbereiten: Zitronengras und andere frische Gewürze mit der flachen Messerseite andrücken. So setzen sie ihre ätherischen Öle frei.

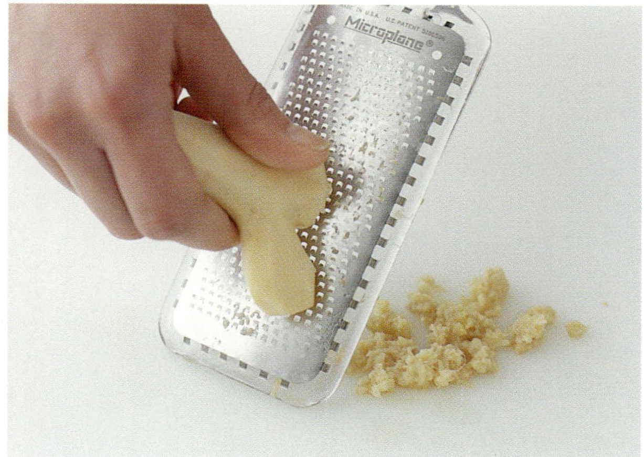

Gewürzwurzeln vorbereiten: Wurzeln wie Ingwer, Kurkuma oder Meerrettich reiben oder mit dem Messer fein hacken. Die Wurzeln vorher sauber schälen.

Gewürze in Öl braten: Werden Gewürze in Öl leicht angebraten, nimmt das Öl ihr Aroma an. Es kann mit den Gewürzen verwendet werden.

Gewürze trocken rösten: Gewürze auf einem Backblech im vorgeheizten Ofen (160 °C Umluft) oder in der Pfanne ohne Fett rösten.

Reis nach der Quellmethode garen

Waschen Sie Reis immer vor dem Kochen. In Brühe wird er würzig.

1 Den Reis in einem Topf mit der 1½-fachen Menge Wasser aufkochen, umrühren und offen köcheln lassen, bis das Wasser aufgenommen ist.

2 Vom Herd nehmen, mit sauberem Küchentuch und Deckel 20 Minuten dämpfen. Dann 5 Minuten nur mit Deckel ruhen lassen. Auflockern.

Instant-Couscous quellen lassen

Traditionell wird vor dem Servieren noch Öl oder Butter eingerührt.

1 Den Couscous mit der doppelten Menge kochendem Wasser oder Brühe bedecken. Unter Frischhaltefolie 5 Minuten quellen lassen. Auflockern.

2 1 EL Olivenöl, 1 EL Butter und/oder Kräuter und Gewürze einrühren. Die Körner nochmals mit der Gabel auflockern, dann servieren.

Risotto zubereiten

Kurze bis mittlere Reiskörner, die beim Quellen die Form halten, sind ideal.

1 900 ml Brühe im Topf köchelnd erhitzen. In einem zweiten Topf 1 EL Olivenöl und 75 g Butter erhitzen. 280 g Risottoreis einrühren, bis die Körner von dem Fett umhüllt sind.

2 75 ml Weißwein zugeben, aufkochen und rühren, bis er aufgenommen ist. 1 Kelle Brühe einrühren, bis sie aufgenommen ist. Gesamte Brühe löffelweise unter konstantem Rühren zugeben.

3 Ist die Brühe aufgebraucht und der Reis weich, hat aber noch Biss (ca. 20 Minuten), etwas Butter zugeben, würzen und vom Herd nehmen.

4 Der Risotto sollte eine cremige Konsistenz haben. Am besten sofort servieren, denn bei weiterem Garen wird der Reis zu weich.

Teig blindbacken

Backen Sie den Teig vor, wenn die Füllung nur kurz in den Ofen kommt.

1 Die Backform mit Teig auslegen, den Boden mit der Gabel mehrfach einstechen, damit eingeschlossene Luft beim Backen entweichen kann und der Boden sich nicht aufbläht.

2 Aus Backpapier einen Kreis etwas größer als die Backform zuschneiden. Das Papier dreimal in der Mitte falten und den Rand mit der Schere mehrfach einschneiden.

3 Das Backpapier auf den Teig legen. Die Form mit trockenen Hülsenfrüchten, z. B. Bohnen, füllen. Bei 160 °C Umluft 15–20 Minuten backen.

4 Den Boden abkühlen lassen, dann Backpapier und Hülsenfrüchte entfernen. Den Boden 5–8 Minuten goldbraun fertig backen.

Omelett zubereiten

Eier vor Gebrauch auf Risse untersuchen und kaputte Eier wegwerfen.

1 Die Eier verschlagen und würzen. 1 EL Butter in einer beschichteten Pfanne zerlassen. Das Ei in die schaumige Butter geben und durch Schwenken den Boden bedecken.

2 Das Ei mit der Gabel gleichmäßig verteilen. Sobald das Ei stockt, nicht mehr rühren. Das vordere Drittel des Omeletts mit der Gabel zur Mitte hin umfalten.

3 Um das Omelett aufzurollen, die Pfanne steil anheben, sodass es am gegenüberliegenden Pfannenrand von selbst umschlägt.

4 Ist das Omelett gar, die Pfanne steil über den Teller halten, sodass es mit der Nahtseite nach unten darauf landet. Sofort servieren.

Register

Kursive Seitenzahlen weisen auf die Beschreibung einer Zutat hin, **fett** gedruckte Seitenzahlen stehen für illustrierte Küchentechniken und Rezeptvariationen sind durch ein *(V)* markiert.

D, E, F, G

P, Q

R

S

T, W, Z

Die Autorin

Carolyn Humphries ist bereits seit über 30 Jahren Autorin und Redakteurin für gastronomische Themen. Die gelernte Köchin merkte früh, dass sie mehr Spaß daran hatte, Speisen zu kreieren, die man zu Hause nachkochen kann. Nach einer Journalistenausbildung arbeitete sie Mitte der 1970er-Jahre als Food-Redakteurin bei einer Frauenzeitschrift. Seitdem war sie für verschiedene Magazine tätig und hat über 60 Bücher geschrieben. Aufgrund ihrer Leidenschaft für gutes Essen interessiert sie sich sehr dafür, was die Menschen essen und wo es herkommt. Sie macht sich für gesunde Ernährung stark und ermuntert die Menschen, nach Möglichkeit regionale Produkte zu kaufen und aus guten Zutaten köstliche Speisen zu bereiten.

Dank

Dank der Autorin: Ich danke dem Verlag Dorling Kindersley für die Gelegenheit, dieses Buch zu schreiben. Über die Jahre habe ich mich immer mehr zur Vegetarierin entwickelt, und dieses Buch gibt mir die Gelegenheit, mehr Menschen zu ermutigen, mehr Gemüse zu essen und es als das zu feiern, was es ist: nährstoffreich und köstlich. Mein besonderer Dank gilt meiner Lektorin Diana Vowles, mit der die Zusammenarbeit (wie immer) die reinste Freude war, und Bob Bridle, der die Dinge bei DK so effizient organisiert hat. Darüber hinaus möchte ich mich bei meiner Familie (und inzwischen auch bei den Partnern meiner Kinder) bedanken, die daran gewöhnt sind, bunteste Speisenauswahlen auf dem Tisch zu finden, wenn ich experimentiere und neue Kreationen an ihnen teste. Sie haben mich immer stark ermutigt und unterstützt – und sind meine besten Kritiker!

Dank des Verlags: Dorling Kindersley dankt William Reavell für Fotografien; Stuart West für zusätzliche Rezeptfotografien; Katherine Raj und Nicky Collings für Art Direction Fotografie; Penny Stephens für Food Styling; Liz Hippisley für Requisite; Jade Wheaton für Illustrationen; Chris Mooney für Redaktionsassistenz; Anna Burges-Lumsden, Jan Fullwood, Katy Greenwood, Anne Harnan und Ann Reynolds für das Testen der Rezepte; Claire Cross für das Korrektorat und Susan Bosanko für die Registererstellung.